味

미각의 제국

미각의 제국

지은이 황교익
초판 1쇄 발행 2010년 5월 10일
초판 8쇄 발행 2017년 7월 25일

펴낸곳 도서출판 따비
펴낸이 박성경
편집 신수진
디자인 박대성

출판등록 2009년 5월 4일 제313-2010-256호
주소 서울시 마포구 월드컵로 28길 6(성산동, 3층)
전화 02-326-3897
팩스 02-337-3897
메일 tabibooks@hotmail.com
인쇄·제본 영신사

ISBN 978-89-964175-0-7 03380

값 12,000원

미각의 제국

황교익 지음

《미각의 제국》은 대한민국 사람이면 누구에게나 익숙한 일상의 음식을 다루고 있다. 이 책을 기획할 때 주변에서 이런 말을 했다. "누구든지 다 아는 음식에 대해 쓴 책을 누가 봐?" 맞는 말이다. 누가 밥, 떡볶이, 김치 따위 음식에 대한 책을, 그것도 레시피 있는 요리책도 아닌 것을 사서 보겠는가. 그렇다고 그 음식을 맛있게 조리하는 식당이 소개되어 있는 것도 아니다. 신기할 것도 없고 안 보아도 그만인 책이다.

인간의 감각과 사고의 확장은 문자를 기반으로 한다. 문자가 없으면 인간은 외부 세계와 소통할 수 없기 때문이다. …… 이런 말은 너무 어려우니, 예를 들어 쉽게 설명하겠다.

'책상'을 설명하는 글을 한번 지어 보라. 책상 하면 누구든 그 형상을 머릿속에 떠올린다. 그러나 언어로 표현하자면 곤란을 겪는다. '책이 있는 상'인지 '책을 읽는 상'인지부터 모호하다. '네 개의 다리 위에 널빤지를 붙인 상'이란 설명부터 할 수도 있을 것이고 '인간 혁명이 시작된 곳'이란 거창한 설명을 붙이기도 할 것이다. 이렇게 문자로 정리를 하다 보면 그 책상의 실체가 분명해진다. 쉽게 말해, 개념이 잡히는 것이다.

맛 칼럼니스트로 활동한 지 20년 가까이 된다. 직업이 이러니 음식을 먹으며 동석한 사람들에게 많은 말을 한다. "이 김치가 쓰고 텁텁하지요. 이 밥은 표면이 꺼칠하지요. 왜 그럴까요?" 그러면서 다시 설명을 한다. "이 김치는 맛있으라고 양념을 과하게 한 탓입니다. 이 밥은 쌀을 물에 너무 불렸네요." 이런 식이다.

그런데 대부분의 사람들은 내가 그 이야기를 꺼내기 전에는 그 김치가 쓰고 텁텁한지, 밥알이 곤죽인지 관심이 없다. 미식가입네 하며 유명 식당들을 두루 섭렵하면서도 진작에 그 음식 하나하나에 대한 관찰은 하지 않고 겉멋만 들어 있는 사람들이 다수이다.

왜 그럴까 곰곰 생각하였다. 답은 단순한 데 있었다. 그들은 음식에 대해 교육을 받은 적이 없기 때문이다. 늘상 먹는 음식이고, 가끔 부엌에서 요리를 한다고 하지만, 그렇게 즐기는 것과 음식을 관찰하고 공부하는 것은 다른 일이다. 그래서 이 책을 쓴 것이다. 쉽게 말해 '보통 사람들을 위한 미각 입문서'인 것이다.

레시피도 없고 사진도 없지만 평소에 먹는 음식들이니 머릿속에 그 음식의 형태와 맛의 느낌은 그릴 수 있을 것이다. 그렇게 머릿속에 그 음식을 떠올리며 《미각의 제국》을 찬찬히 읽다 보면 "아!" 하고 다가오는 것이 있을 것이다. 하나의 음식에 대해 개념이 잡히는 순간인 것이다. 하나가 잡히면 다음은 쉽다. 그러면서 미식가로 새롭게 태어나게 될 것이다. 내 경험이다.

짧은 글들이지만 내 오랜 경험을 농축한 것이다. 꼼꼼히 읽는다면 진정한 미식가로 성장하는 데 큰 도움이 될 것이다.

— 2010년 4월 황교익

저자는 마치 달의 뒤편처럼, 우리가 미처 알지 못하고 먹어 왔던 일상의 음식들의 숨겨진 세상을 예리하게 파헤친다.

우리가 음식을 통해 세상을 올바로 볼 수 있게 만드는 사다리 노릇을 해 주는 것은 물론이다.

망가지고 있는 우리 음식의 숨겨진 맛을 생생하게 재현하는 본격 열전이기도 하며, 우울한 우리 시대 음식사에 바치는 희망의 헌사로도 읽힌다.

이건, 아마도 최초의 진정한 음식박물지다. 황교익이다.

— 요리사 박찬일

음식은 셀 수 없이 많다.

같은 음식 재료라도 누가, 어디서, 언제 만들었냐에 따라 맛이 달라진다.

그런 음식들을 일관되게 말하기란 정말 쉽지 않다.

음식 얘기는 경험과 발품, 시간이 필요하다.

젊었으면 경험이 부족하니 객관성이 부족하고, 나이가 들었으면 미각이 떨어지니 옛 기억으로만 버무린다.

황교익은 나이도 적당하고 경험도 많다.

한창 때이니 쉬지 말고 먹고, 쉬지 말고 써 댔으면 좋겠다.

원두막에서 열무김치를 안주 삼아 달지 않은 막걸리를 황교익과 마시고 싶다.

한 되가 부족하면 두 되.

두 되가 부족하면 세 되.

취해서 집에 갈 힘이 없으면 원두막에 쓰러져 귀뚜라미 소리에 묻혀 밤을 보내고 싶다.

— 수서 화실에서 허영만

황교익 선생은 이 시대가 가장 필요로 하는, 손상되지 않은 땅의 향기를, 땅의 소리를, 땅의 사랑을, 땅의 전설을, 땅의 맛을 많은 독자들에게 전하고 싶어 하는 것 같다.

세심한 관찰과 섬세한 언어는 잃어버리기 쉬운 귀하고 작은 보석을 챙겨 주는 어머니의 마음처럼 사랑스럽다.

오늘 이 책을 읽으면서 가슴속에 산뜻한 바람이 일어난다.

시대적으로 감지할 수 있는 맛의 언어가 오늘 가슴을 툭툭 치는 것은 무엇일까? 이 느낌이 어디 나쁠까.

하늘이 주는 감동, 땅이 끌어당기는 친근함, 작은 모래 한 알이 별들이 역사인 것처럼, 생명이 주어진 곡식 한 알 한 알에 담긴 전설을 황교익은 가슴으로 담아서 전하는 것 같다.

글이 생명을 살리는 것이라면 더욱 고맙다.

— 방랑식객 산당 임지호

차례

¹ **물** 아름다워야 한다 16

² **소금** 짠맛만 나는 것이 아니다 18

³ **된장** 제대로 숨을 쉰 된장이 깊은 맛을 낸다 21

⁴ **식초** 좋은 식초는 그 원료의 향을 품고 있다 24

⁵ **고추** 통증도 맛이다 26

⁶ **건고추** 잘 말린 태양초는 달콤하고 시큼한 향이 있다 30

⁷ **설탕** 무뇌아적 중독을 일으키는 '환상'의 맛 33

⁸ **참기름** 단 한 방울로 모든 맛을 평정하는 한국 음식의 독재자 36

⁹ **화학조미료** 싸구려 식재료를 숨기는 악덕 마법사 38

¹⁰ **멸치젓국** 제대로 만들지 않는다면 다른 나라의 것을 쓰는 게 낫다 40

¹¹ **혀** 혀로 느끼는 것은 맛의 일부일 뿐이다 42

¹² **왜 미각의 '제국'인가** 44

¹³ **가을** 냄새로 온다 46

¹⁴ **밥** 싱싱한 쌀이어야 맛있다 48

¹⁵ **수라** 왕이 먹어도 밥인 것은 같다 50

¹⁶ **걸식** 가장 처연한 음식 52

¹⁷ **청국장** 원초적 본능을 자극하는 향이 있다 54

¹⁸ **김치찌개** 공장산 묵은지로는 맛있는 김치찌개 못 끓인다 57

¹⁹ **추어탕** 미꾸리든 미꾸라지든 옛 맛이 안 나는 이유 60

²⁰ **물메기탕** 말리는 수고가 귀찮아 진미를 버린다 63

²¹ **아귀찜과 아귀탕** 아귀 간이 없으면 아귀 요리가 아니다 65

²² **잡식성 인간** 세상은 넓고 먹을 것은 많다 68

23 **삼겹살구이** 된장 쌈의 또 다른 형태일 수도 있다 72

24 **돼지갈비** 간장과 설탕 타는 맛으로 먹는다 75

25 **한우고기구이** 마블링에 연연하면 붉은 고기의 감칠맛을 놓친다 78

26 **열** 열역학이 고기구이 맛을 결정한다 81

27 **설렁탕** 잘 끓인 설렁탕 맛을 국수를 말아 망치다니 83

28 **계삼탕** 닭이 주연이고 인삼은 조연일 뿐 86

29 **비빔밥 1** 세상에서 가장 난해한 조리법 88

30 **비빔밥 2** 고추장이 없어야 나물 맛이 드러난다 91

31 **아내** 내 미각 세계의 조정자 93

32 **겨울** 사람으로 온다 96

33 **잔치국수** 대접하는 정성은 사라지고 싼 값과 싼 맛만 남았다 98

34 **칼국수** 국물 종류가 다르면 면의 굵기도 달라야 한다 101

35 **냉면** 메밀을 어떻게 다루는가가 기술이다 104

36 **냉면 분류법** 평양냉면과 함흥냉면은 다른 종류의 음식이다 106

37 **만두** 소만큼 피의 맛도 중요하다 108

38 **떡** 쌀알이 씹혀야 떡이 부드럽다 110

39 **떡볶이** 떡을 이용한 음식이 아니다 113

40 **두부** 입천장 가득 고소함이 번진 후 남는 콩 향 115

41 **순대** 돼지의 피 맛에 달렸다 118

42 **잡채** 식은 채로 내는 것은 예의가 아니다 120

43 **콩나물무침** 그 고소하고 달콤했던 콩나물은 어디로 갔나 122

44 배추김치 가난한 양념이 깊은 맛을 낸다 126

45 갓김치 토종 적색갓이 아니고서는 맛이 약하다 129

46 고수 동남아 채소로 오해받는 우리 채소 132

47 풋옥수수 밭에서 찌는 게 가장 맛있다 135

48 사과 보기 좋은 것 좋다 싱거운 사과만 먹는다 138

49 포도 맥주 상한 냄새와 고구마 썩은 냄새 140

50 곶감 자연 건조한 것이라야 고운 향이 난다 142

51 봄 바람으로 온다 144

52 임지호의 매화차 매화 만발한 바닷가 언덕으로 나를 데려다주었다 146

53 솔차 바닷가 소나무 숲 그늘의 향기 149

54 커피 신맛, 쓴맛, 단맛의 밸런스이다 151

55 막걸리 라이스와인이 아니다 154

56 희석식 소주 무엇이 순한 소주를 불러냈을까 158

57 와인 발효공학 공부할 것 아니면 그냥 즐겨라 160

58 눈물 사랑하면 이것도 달다 162

59 콜라 죽음의 향내가 난다 164

60 인스턴트 라면 역시 라면은 국물 맛이다 166

61 돈가스 돼지고기 튀김이지 돼지고기가 든 튀김이 아니다 168

62 자장면 옛날 자장면은 없다 171

63 스시 밥이 중심에 서야 한다 173

64 인도 음식 향신료의 잔치를 벌이다 176

65 《미각의 제국》에 외국 음식이 없는 이유 179

66 **여름** 햇살로 온다 182

67 **갯장어** 기름기에 대한 선호가 요리 방법을 결정한다 184

68 **뱀장어구이** 칼질과 숙성이 맛을 좌우한다 187

69 **생선회** 회 치는 방법이 다르면 먹는 방법도 달라야 한다 189

70 **진상품** 공출일 뿐이다 192

71 **새우젓** 싼 추젓이 감칠맛은 더 있다 194

72 **어리굴젓과 진석화젓** 같은 재료이나 맛은 전혀 다르다 196

73 **명란젓** 고운 때깔을 좇다가 맛을 버리다 198

74 **간장게장** 장에 넣은 게가 아니라 게를 넣은 장이다 200

75 **굴비** 간조기와는 다르다 202

76 **과메기** 숙성되지 않으면 제 맛이 나지 않는다 205

77 **쥐포** 설탕과 화학조미료 맛으로 먹는다 207

78 **밴댕이** 흔한 생선이나 고소한 살 맛은 귀하다 209

79 **대게** 크다고 다 맛있는 것은 아니다 212

80 **꽃게** 너무 강하면 짧게 즐겨라 215

81 **석화** 맛있는 석화 만나기가 카사노바 되기보다 어렵다 217

82 **김** 양식 김에서 자연산 김 맛이 날 수도 있다 220

83 **젓** 사랑이다 222

84 **미식** 악식과 동의어이다 224

0
들어가며

내 안에 들어오는 음식을 좀 더 깊게 느끼고 싶었다.

그 느낌의 흔적들이다.

물

아름다워야
한다

산소와 수소의 결합물이다. 순수 물에는 맛도 냄새도 없다. 애초 없는 것이 아니라 인간이 못 느끼는 것이다. 우리 주변이 온통 물인데 그 냄새를 맡을 수 있다면 큰 고통일 것이다. 물에 약간의 맛과 냄새가 있는 것은 산소와 수소 이외의 여러 물질에 의한 것이다. 또 이 물질들로 인하여 무겁고 가볍고 텁텁하고 찌릿하고 뭉글하고 뽀족하고 시큼하고 달달하고 싸아하고 밍숭밍숭하고 슴슴하고 비릿한 맛들이 생긴다.

물은 스스로 비어 있으니 모든 맛의 바탕이 된다. 물이 나쁘면, 즉 물에 든 여러 물질들로 인해 잡 내가 있으면, 아무리 좋은 음식 재료가 있다 해도 맛을 버리게 된다. 벚꽃 질 무렵 쌍계 계곡에서 따 솜씨 좋은 다인이 덖은 작설이 계곡 물에서는 그리 여린 맛을 잘 우려내면서도 서울 와 정수기 물에서는 투박해지는 것이 다 이런 연유이다.

　물은 눈으로 봐 맑아야 하며 냄새가 없어야 한다. 마셨을 때 혀에서 가벼워야 하며 목구멍으로 넘길 때 부드러워야 한다. 흔히 약수를 좋은 물이라 여긴다. 그러나 약수는 과다한 미네랄 때문에 무겁고 쇳내가 나며 목구멍에 걸린다. 이 약수로 밥이며 닭백숙을 해서 맛있다 하는데, 약수가 몸에 좋다 하니 그리 먹는 것이지 그런 약수로는 결코 맛있는 음식을 만들 수 없다.

　맑고 가벼우며 부드럽고 잡 내 없는 물은, 수돗물을 정수해 얻을 수도 있겠고 깊은 산 옹달샘에서 뜰 수도 있을 것이다. 그러나, 그 조건들을 갖춘 물이라 해도 물마다 느낌이 다른데, 이는 물이 지니고 있는 기운이 다르기 때문이다. 옛 여인들이 같은 우물 물이라도 이른 새벽 첫 두레박 물을 용안수龍眼水라 하여 귀히 여긴 것처럼, 좋은 물의 조건을 정신적 활동 안에서 찾을 수도 있는데, 그 좋은 물의 마지막 '정신적' 조건은 아름다워야 한다는 것이다. 아름다운 물은 음식 맛을, 그 음식을 먹는 사람의 마음을 맑게 한다.

짠맛만
나는 것이
아니다

바다와 소금호수, 소금광산 등 자연에서 얻는 짠맛의 조미료이다. 짠맛은 염화나트륨의 맛이며, 소금에는 그 외 여러 미네랄이 포함되어 있는데 이 미네랄의 함량에 따라 맛에서 차이가 난다.

소금은 음식 재료에 숨어 있는 각각의 맛을 끌어내는 노릇을 한다. 따라서 소금이 없으면 맛도 식재료 덩어리 저 너머에 움츠리게 된다. 이는 우리 미각이 오래 전부터 소금에 익숙해져 있기 때문이다. 지구가 탄생할 때부터 소금이 있었으며, 그 소금의 물인 바다에서 생명이 탄생하였다. 그 생명무리의 한 줄기에 인간이 있는 것이다.

천일염은 바닷물을 말려 얻는 소금이다. 천일염은 계절과, 소금이 결정되는 그날의 날씨, 소금의 결정 시간 등에 따라 그 맛이 달라진다. 섭씨 25도 전후의 볕 좋은 날에 바람이 살랑살랑 불 때를 맞추어 아침나절 함수(농축한 바닷물)를 염판에 넣고 그날 안에 거두는 천일염이 가장 맛있다. 한반도에서는 이런 조건의 날씨를 보이는 날이 한 해에 얼마 되지 않으며, 따라서 맛있는 천일염은 매우 귀하다.

이 최상의 천일염 이외의 소금에는 쓴맛의 염화마그네슘이 많이 들어 있다. 염화마그네슘은 간수의 주요 성분이다. 그래서 한국의 천일염은 3년 또는 5년씩 저장을 하여 이 염화마그네슘을 제거하여야만 음식에 쓸 수 있다. 프랑스 게랑드 천일염을 세계 명품이라 하는 것은 그 지역의 갯벌이 좋아서라기보다 그 지역의 날씨가 좋은 천일염을 낼 수 있는 조건에 있기 때문이다.

바닷물을 끓여서 만드는 자염은 천일염보다 미네랄이 많으면서도 쓴맛이 받지 않는다. 유리아미노산이 많기 때문이다. 바닷물을 개흙에서 농축하면서 그 개흙에 쌓여 있는 각종 생물의 시체들이 묻어 들어간 결과이다. 유리아미노산은 구수한 맛을 내는데,

자염에서 유리아미노산이 염화마그네슘의 쓴맛을 줄이는 것과 맛소금에서 화학조미료가 소금의 튀는 맛을 잡는 것은 같은 이치이다. 그러니까, 자염은 쓴맛이 없는 소금이 아니라 쓴맛이 느껴지지 않는 소금이라 할 수 있다.

'좋은 소금'이란 소금 그 자체의 맛이 좋다는 의미로 해석하여서는 안 된다. 그런 식의 맛있는 소금은 인공으로 얼마든지 제조할 수 있을 것이다. 소금의 노릇은, 앞에서 말했듯이 음식 재료에 숨어 있는 맛을 끌어내는 것이 그 핵심이다. 잡다한 맛이 없으면서 짠맛이 부드러운 소금을 가장 좋은 소금이라 할 수 있다.

제대로 숨을 쉰
된장이
깊은 맛을 낸다

콩으로 메주를 쑤어 소금물에 담가 발효시킨 음식이다.

된장 맛은 기본적으로는 콩에 의해 결정된다. 콩의 단백질이 싱싱하고 탄수화물 함량이 높으면 달고 감칠맛 나는 된장이 된다. 메주를 쑤어 띄우는 것은 전통 된장 공장이라 하더라도 요즘은 거의가 황국균을 사다 섞으므로 별로 중요한 일이 아니게 되었다. 그 외 된장 맛을 결정짓는 것은 햇볕과 바람이다.

된장 장인들은 전국에 있다. 그들은 콩은 윤기가 있어야 하고 물이 좋아야 하며 가마솥에 장작불로 콩을 삶아야 한다고 말한다. 또 간수 뺀 천일염으로 달걀이 동동 뜰 정도의 염도에 맞추어 장을 담가야 한다고 강조한다. 물론 이를 자연유약 바른 옹기에 넣고 2년 정도 숙성시키는 것은 기본이다.

이들은 된장 만드는 일에 관한 한 전문가이고 그다지 부족하지 않은 된장 맛을 내고 있다. 그러나 어딘지 하나는 부족하다. 그들은 원료의 좋음과 대물림한 솜씨만 알지 자연에는 관심이 적다. 자연이란, 원래 있는 것이니까.

된장은 옹기에서 익는다. 옹기를 '숨 쉬는 그릇'이라 부르지만, 실제로는 이 옹기가 숨을 쉬는 것이 아니다. 된장이 숨을 쉴 수 있도록 공기의 소통을 용이하게 하는, 즉 '된장이 숨 쉬는 것을 돕는 그릇'이라는 뜻이다. 된장은 숨을 제대로 쉬어야 깊은 맛을 낸다. 장이 익을 때 코를 대면 콩 풋내, 콩 뜬내, 쉰내, 곰팡이 내 등 온갖 잡 내가 다 올라온다. 이 잡 내가 다 걷혀야 맛있는 된장이 된다. 햇볕이 된장의 숨을 깊게 하고 바람이 된장의 숨을 고르게 하여야 장맛이 잡히는 것이다.

그런데, 언제부터인지 모두들 장독에 유리 뚜껑을 덮는다. 비 올 때 장독 뚜껑을 닫느라 야단을 하지 않아 편할 것이다. 그러나 유리 뚜껑은 된장이 햇볕을 직격으로 받게 한다. 이러면 된장이 햇볕에 덴다. 남녘 지방에서는 유리 뚜껑을 하지 않아도 더운 날에는 된장이 델 정도이다. 편하자고 자연의 이치를 거스르면 된장 맛은 버리게 된다.

식초

좋은 식초는
그 원료의 향을
품고 있다

알코올에서 초산균이 발효하여 만들어 낸 시큼한 조미료이다. 식초는 과일, 곡물, 술 등 다양한 재료에서 얻을 수가 있다. 따라서 맛이 퍽 다양하다.

　　식초에서 우리가 바라는 맛은 신맛뿐이 아니다. 술을 마시는 것이 취하는 데에만 그 목적이 있지 않은 것과 같다. 식초는 신맛 안에 그 원료의 향을 품고 있으며, 그 향은 원료였을 때보다 미약하나 때로는 그로 해서 더 감미로운 맛을 보탠다.

　　그러니까, 식초만을 맛봤을 때 식초에 스며 있는 향은 신맛으로 해서 그다지 강하게 느껴지지 않는다. 음식에 뿌려지고 섞이면 그 향은 식재료에 이리 치이고 저리 받으면서 온갖 맛을 증폭시킨다.

　　달고 부드럽기로는 감식초가 으뜸이지만 특유의 향이 없는 게 흠이며, 톡 쏘는 맛에 단맛까지 더해져 있는 것으로는 양파식초를 들 수 있겠고, 강렬한 신맛의 긴 여운을 가진 것으로는 마늘식초가 낫다. 매실이나 유자로 담근 식초는 그 화사한 향으로 강한 향이 있는 식재료와 잘못 섞이면 오히려 어색할 수 있으며, 달콤하고 향그러운 복숭아식초는 음료로나 쓸까 싶을 정도로 조심스러운 맛이 난다.

　　대부분의 사람들은 공장에서 주정으로 만든 양조식초로 만족한다. 유명 한식 요리사는 저만의 천연식초 하나 없이 '2배 식초'를 쓰면서 부끄러운 줄을 모르고, 막회로 큰 손님을 모으고 있는 식당에서는 막걸리식초가 있는 줄도 모른다. 기본이 없으면 사이비일 뿐이다.

고추

통증도

맛이다

임진왜란 즈음에 한반도에 들어온 향신료이다. 매운맛을 내는 데 쓴다. 고추가 들어오기 전에도 매운맛을 내는 '토종' 향신료가 있었다. 초피이다. 초피는 일본과 중국에서는 여전히 많이 쓰이나 한국에서는 잊힌 향신료가 되었다.

맵다고 느끼는 감각은 맛이 아니다. 맵다는 감각은 아픔의 감각인 통각이다.

고추에는 캡사이신이라는 매운 성분이 들어 있는데, 이것이 입 안에 들어가 통각을 자극하면 몸에서 이 통증을 잊기 위해 엔돌핀이라는 '생리적 마약'을 분비하게 되고, 따라서 기분이 좋아지게 되니, 사람들이 고추를 즐기는 것이다. 그러니까 매운 고추를 즐기는 우리 민족은 엔돌핀, 즉 '생리적 마약' 중독자들이라 할 수 있다.

나 또한 고추 중독자이기는 하지만, 외식업체들이 이 통증의 감각물을 남용하는 버릇으로 해서 노이로제에 걸려 있기도 하다. 한국 음식에서 매운 음식이란 그 음식 전체가 매운 성분으로 처발라진다는 특징이 있다. 고추장이나 고춧가루를 음식 전체에 풀어 덩어리든 액체든 똑같은 강도의 통증이 느껴지도록 조리한다.

고추장불고기, 고추장낙지볶음, 배추김치, 매운탕, 김치찌개, 떡볶이 등등. 매운 통증을 강렬하게 즐기기에는 그만인 조리법이기는 하지만 이 때문에 고기나 낙지, 배추, 생선, 떡 같은 주요 재료의 맛이 어떤지 파악할 감각의 여유가 없어진다. '무데뽀'의 음식인 것이다.

　가끔 다른 나라 음식에서 화룡점정으로 들어가 있는 맵디매운, 청양고추보다 몇 배나 매운 고추를 발견할 때면, 우리 민족의 '무데뽀' 고추 사랑을 일종의 집단적 정신질환으로 읽어야 하는 것은 아닌가 하는 생각도 든다.

잘 말린
태양초는
달콤하고 시큼한
향이 있다

홍고추를 말린 것이다. 한국 음식에서 가장 중요한 식재료의 하나이다. 건고추는 단지 맵기만 해서는 좋은 고추라 할 수 없다. 단맛과 고추 특유의 향이 풍부해야 좋은 고추이다. 고추의 품종에서 오는 맛의 차이도 있지만 무엇보다도 어떻게 말리느냐에 따른 맛 차이가 크다.

고추를 말리는 방법은, 흔히 알려진 것으로는 두 가지가 있다. 햇볕에 말리는 것과 열풍건조기에 말리는 것. 앞의 방법으로 만들어진 고추를 태양초, 뒤의 방법으로 만든 고추를 화건초라 한다. 태양초에는 화건초에서 맡을 수 없는 발효 향이 있다. 약간의 시큼한 향인데 잘 말린 태양초에서는 고추의 달콤한 향내와 이 발효 향이 적절히 어우러져 냄새만으로 입 안에 침이 고인다.

태양초 식별법은 꼭지가 누렇게 바랜 것을 찾는 것이다. 그러나 열풍건조기에서 대충 찌다가 비닐하우스에서 말려도 꼭지가 누렇게 된다. 시중에 파는 태양초는 대부분 이렇게 만들어진다. 가짜 태양초인 것이다. 심지어 꼭지의 탈색을 위해 물을 뿌리기도 하는데, 이렇게 말린 고추는 발효가 과하게 일어나거나 잡균이 붙어 발효 향이라 할 수 없는 다소 역한 시큼한 냄새를 풍기기도 한다. 이를 방지하기 위해 소금물을 쓰기도 하므로 고추에서 짠맛이 나는지 확인할 필요가 있다.

화건초도 여러 질이 있다. 건조기에서 급작스럽게 말린 것은 맛이 없다. 향이 다 달아나기 때문이다. 저온에서 오랜 시간 은근히 말린 것이 좋다. 이런 고추의 꼭지는 녹색을 많이 띤다.

고추 말리는 방법이 또 하나 있다. 그늘에서 말리는 것이다. 이렇게 말린 고추를 음건초라고 하는데 태양초보다 맛이 좋다. 붉은색이 맑고 고추 특유의 향이 많이 난다. 귀한 것이라 구하기 어렵다. 햇볕에 내놓아도 희아리가 나 버리는 게 다반사인데 그늘에서 말린다는 것은 보통 까다로운 일이 아니다. 비닐하우스의 반그늘에서 환기를 잘 조절하면서 말린다면 음건초 비슷한 맛을 낼 수 있을 것이다.

좋은 건고추 고르는 요령은 다음과 같다. 첫째, 고추를 손아귀에 꽉 쥐었다 폈을 때 10초 안에 원래의 상태로 돌아오는 것. 둘째, 고추 안쪽이 오돌토돌한 것. 셋째, 윤기가 나는 것. 넷째, 씨가 붙어 있는 심(태좌)을 씹었을 때 매운맛과 단맛이 적절히 조화된 것. 다섯째, 심의 색깔이 선명한 노란색인 것. 여섯째, 씨가 많지 않은 것.

무뇌아적 중독을 일으키는 '환상'의 맛

사탕수수나 사탕무에서 추출한 단맛의 조미료이다. 설탕이 들어오기 전에는 꿀, 조청으로 단맛을 냈다. 가공식품에서는 설탕 대신에 아스파탐, 스테비오사이드 같은 대체 감미료를 쓰기도 한다.

단맛은 모든 동물에게 중독을 일으킨다. 개미나 파리 같은 미물에서부터 고등동물이라는 인간에 이르기까지 모두 단맛에 즉각적으로 반응한다. 그러니까, 단 음식을 먹게 되면 이게 어떤 맛을 지닌 음식인지 생각할 겨를도 없이 뇌에서, 아니 거의 말초신경 단위에서 '맛있다' 하고 결정해 버린다.

대박 음식점 주인들은 단맛에 대한 이런 '무뇌아적 반응'을 잘 파악하고 있다. 된장찌개나 김치찌개, 고등어조림에도 강정을 만들 만큼 설탕을 푼다. 이런 음식점들의 주요 고객은 대부분 젊은이들인데, 미성숙한 미각의 소유자일수록 이 단맛에 쉽게 자극받고 중독되기 때문이다.

음식에서 설탕은 당의정의 코팅과 같다. 식재료의 온갖 맛을 설탕으로 감싸 버리면 중독자에게는 환상의 맛이다. 그러니 설탕 중독자들을 위해서는 좋은 식재료와 좋은 맛을 낼 수 있는 기술이 필요 없다. 중독인 줄 모르는 중독자들에게 굳이 비싼 해독제를 투여할 이유가 없으며, 또 자칫하면 돈 들이고도 '맛없다' 욕만 들을 수도 있으니, 나라도 그러기 힘들 것이다.

단맛의 음식을 두고 맛있다 찬사를 보내는 것은 미식가로서 자질이 없다는 증거이다.

단 한 방울로
모든 맛을
평정하는
한국 음식의
독재자

참깨를 볶아서 짠 기름이다. 음식에 고소한 향을 더하기 위해 쓴다. 한국 음식에서 없어서는 안 되는 양념이다.

참기름은 한국 음식에서 최강의 냄새를 가지고 있다. 어떤 음식이든 참기름 한 방울이면 고소한 향을 풍겨 식욕을 돋우고 맛있다고 느끼게 한다. 그래서 좀 더 고소한 향의 참기름을 확보하기 위해 요리사들은 기를 쓴다.

그러나 그 강력한 고소함은 음식 맛을 죽이기도 한다. 습습한 고사리나물에, 달콤한 콩나물무침에, 쌉쌀한 도라지나물에, 시원한 무나물에 참기름 한 방울을 떨어뜨리면 후각으로 느끼는 맛은 거의 같아진다. 쇠고기든 돼지고기든 불에 구워 참기름 찍으면 맛이 똑같아진다. 이런 까닭에 참기름은 한국 음식에서 폭군이다. 맛있는 것과 맛없는 것을 똑같은 것으로 만들어 버리는 독재자이다. 참기름이 한국 음식 맛의 다양성을 죽이고 있는 것은 아닌지 살펴야 한다.

화학조미료

싸구려 식재료를
숨기는
악덕 마법사

음식에 첨가하기 위해 화학적으로 제조된 조미료이다. MSG, L-글루탐산나트륨 등으로 표기된다. 단일의 화학조미료가 시판되기도 하고 여기에 육류와 채소의 분말을 첨가한 복합조미료로 팔리기도 한다. 거의 모든 가공식품에도 들어 있다. 한국은 화학조미료 왕국이다. 90% 이상의 식당에서 화학조미료를 쓰는 것으로 조사된 자료가 있다.

화학조미료가 건강에 얼마나 좋지 않은지는 알 수 없다. 이런 일은 식약청에서 알아서 할 일이라고 본다. 그러나 화학조미료를 금지하지 않으니 먹어서 해가 될 일은 없을 것이라 생각하면 오산이다. 화학조미료의 가장 큰 해악은 식재료의 질을 숨길 수 있다는 것이다. 최하질의 재료이든 최고급의 재료이든 이 화학조미료 한 방이면 맛을 다 비슷하게 만드는 마법을 부린다. 비싼 중멸에 장다시마로 제대로 맛을 낸 육수와 싸구려 대멸에 화학조미료 한 숟가락으로 맛을 낸 육수를 소비자들은 구별하지 못한다. 식당에서 싸구려 식자재로 음식을 내도 버티는 것은 다 화학조미료 때문이다. 그러니 좋은 음식 먹자면 화학조미료부터 없애야 한다.

화학조미료는 그 자체로 맛이 있는 것은 아니다. 식재료들 제각각의 맛을 뭉그러뜨리는 역할을 하는데, 툭툭 튀어나오는 맛들의 중간에 서서 조절을 한다. 이것저것 양념을 넣었는데 맛의 밸런스가 맞지 않아 고민일 때 화학조미료 한 숟가락이면 모두 해결되는 까닭이 여기에 있다. 따라서 짜고 매운맛을 음식의 중심에 두고 갖은 양념으로 맛을 내는 한국 음식에 화학조미료는 '맛의 조절자'로 항상 유용(?)할 수 있는 것이다. 그러니, 한국 음식에서 화학조미료를 버리자면 짜고 맵고 강한 양념에서 벗어나야 한다. 심심하고 순하게 먹으면 화학조미료는 저절로 사라질 것이다.

제대로 만들지
않는다면
다른 나라의 것을
쓰는 게 낫다

멸치에 소금을 버무려 삭힌 것을 멸치젓이라 한다. 형태가 있는 멸치젓을 양념하여 먹기도 하지만 멸치의 형태가 없어질 때까지 삭혀 그 국물을 음식에 이용하는 것이 일반적이다. 이를 멸치젓국 또는 멸치액젓이라 한다.

멸치젓국은 아시아권에서 광범위하게 쓰이는 어장魚醬의 일종이다. 남아시아에서는 이 어장을 거의 모든 음식에 양념으로 쓴다. 그러나 한국의 멸치젓국은 활용도에서 아시아의 여느 어장에 비해 모자람이 있다. 때깔과 향 때문이다. 아시아의 어장은 대체로 투명하며 좋은 것은 황금색을 띠지만 한국의 멸치젓국은 칙칙한 검정색이다. 아시아의 어장은 감칠맛이 가볍게 다가오지만 한국의 멸치젓국은 거칠고 두툼하다. 심지어 기름 전내가 난다.

한국의 멸치젓국이 색깔과 맛에서 부족함이 있는 것은 원료의 문제일 수도 있다. 남방의 생선들에 비해 우리 연근해의 멸치가 지방 함량이 높은 탓일 수 있는 것이다. 그러나 멸치젓국의 생산지를 확인하면 꼭 원료 탓만이 아니라는 생각이 든다. 플라스틱이나 양철로 만든 통에 멸치젓이 담겨 있는데, 한여름의 땡볕에 그대로 노출되어 있는 것이 예사이다. 뚜껑을 열면 기름이 산패하여 역한 냄새까지 풍긴다. 이건 숙성이라고 할 수 없으며 부패라고 보는 것이 맞다. 현재의 멸치젓국 생산 환경이 바뀌지 않는 한 아시아 다른 나라의 어장을 쓰는 것이 낫다.

혀로 느끼는 것은

맛의 일부일 뿐이다

혀는 맛을 충분히 감지할 수 있는 신체기관이라고 믿을 것이 못 된다. 혓바닥 돌기 아래 무수한 미뢰味蕾가 맛을 감지한다는 과학적 설명이 있기는 하지만, 음식을 먹을 때 혀에서 느끼는 맛이란 입 안에서 수용성 물질이 되어 미뢰에 도달하는 일부분의 음식 구성물에 의한 것일 뿐이다.

음식 맛의 대부분은 향으로 느끼는데 이를 담당하는 신체 부위는 코이다. 코를 막고 음식을 먹으면 맛을 잘 느끼지 못한다는 실험은 교과서에도 실려 있는 것으로 안다. 어떻게 보면, 혀의 역할 중 상당 부분은 오히려 음식을 잘 씹을 수 있게 입 안의 음식물을 혼합 또는 분산시키거나 식도로 넘기는 데 있지 않나 싶다. 그렇다고 해서 혀가 단맛, 쓴맛, 신맛, 떫은맛, 쓴맛, 구수한 맛을 감지하지 못한다는 말은 아니다. 혀에서 느끼는 그 맛이 음식물의 맛 전체 중에 극히 일부일 수밖에 없다는 점을 말하려는 것이다.

그럼에도 우리는 음식 맛은 오롯이 혀로 느끼는 것으로 생각한다. 이는 과학적 진실과는 관계 없이 우리 편한 대로 '의도적 왜곡'을 하고 있다는 뜻이다. 그 의도적 왜곡의 이유는 단순하다. 입으로 음식을 넘기면서 음식 맛은 코로 느낀다고 설명하기는 부적절해 보이는 것이다. 그러니까 코로 음식을 쑤셔 넣지 않으니까 생기는 의도적 왜곡이다.

12
왜 미각의 '제국'인가

* 서문 격인 이 글을 본문 중에 넣은 것은, 이 책 자체를 순서 없이 읽어도 된다는 뜻을 강조하기 위한 것이다.

인간이든 짐승이든 뭇 생명은, 제 영향력을 확장하려는 욕구를 본능으로 가지고 있다. 세속의 연을 끊고 산사에 홀로 기거하는 선승조차 가끔 우리에게 법문을 날리는 것도, 집 안에서 내내 살아 바깥의 '적'을 만날 일 없는 애완견이 산책길에 여기저기 오줌을 날리는 것도 이 같은 본능에 따른 것이다. 나도 이 본능 앞에서 어쩌지 못한다.

내 본능의 표현물은 글이다. 글 쓰는 일을 평생의 업으로 삼았다. 그 많은 글의 종류 중에 음식에 대한 글을 쓰는 것을 특정하여 맛 칼럼니스트라는 명찰을 달고 있을 뿐이다.

영향력 확장의 본능이 집단화하고 정치화한 것이 제국주의이다. 제국주의자들은 예전에는 그 영향력 확장을 무력으로 이루었으나 이제는 경제와 문화 등속의 것으로 그 도구를 바꾸었다. 미각도 그 도구의 하나이다. 제국주의자들은 우리의 미각 기준을 그들의 것과 같아지게끔 조작을 하고 있다. 제국주의자들의 미각 조작은 그럴싸한 포장을 하고 있어 피식민자들은 그것을 하나의 멋 정도로 여길 뿐이다. 마침내 피식민자들은 제국주의자들이 제안하는 음식이어야 맛있고 건강하며 합리적이라 생각한다. 제국주의자들에 대항하는 어설픈 피식민자들은 자신의 음식을 제국주의자들의 미각 기준에 합치시키려 할 뿐이다.

나는 이 책을 쓰면서 우리 몸 안에 들어와 있는 제국주의자들의 미각 기준을 털어내려고 시도하였다. 오로지 내 몸이 느끼는 것에 대해서만 집중하고 기록하였다. 먹고 쓰는 동안 제국주의자들의 미각 기준은 끊임없이 나를 괴롭혔다. 그들의 논리는 달콤하고 대중적(보편적이 아닌)이기 때문이다. 써 놓고 보니 오시마 나기사 감독의 〈감각의 제국〉이 떠올랐다. 그의 반제국주의 시선은 나의 것과 다르지 않았다. 그래서 그의 작품 이름을 빌려 책 제목을 달았다. 그러니, 《미각의 제국》은 우리 사회에 횡행하는 제국주의자들의 미각 기준에 버팅기는 나만의 미각의 '제국'인 것이다.

인간이든 짐승이든 뭇 생명은, 자신의 본능에 충실한 자기만의 제국을 건설하려는 꿈을 가지고 있다. 이런 꿈이 없으면 살아 있어도 생명이 아니다. 이 책은 내가 이룬 제국의 한 성이다. 독자들이, 그 어떤 일을 하는 사람이든, 자기만의 제국을 건설하는 데 이 책으로 조그만 영감이라도 얻으면 더없이 기쁠 것이다.

가을

냄새로 온다

가을은 냄새로 온다. 아침에 아파트 현관문을 밀고 나오면 싸아한 향이 가을임을 알린다. 여름내 머금었던 물기를 분사하면서 내는 나무들의 무채색 향 같기도 하고, 따가운 햇살이 하늘을 말리면서 증발시키는 파르스름한 향인 듯도 하다. 이 가을의 냄새에는 달콤함이나 감미로움이 없다. 건조하고 서늘하여 여름내 들떠 있던 우리의 오감을 오그라뜨린다. 그래서인지, 오히려 가을이면 더 기름지고 향이 강한 음식을 찾게 된다. 가을로 해서 빼앗긴 감각을 음식으로 채우려는 것이다.

싱싱한
쌀이어야 맛있다

쌀을 솥에 넣고 끓인 음식이다. 단순한 맛이지만 맛있게 밥을 짓기는 어렵다.

맛있는 밥의 조건은 대체로 이렇다. 기름기 자르르 흐르고 촉촉한 물기가 배어 있어야 한다. 냄새를 맡았을 때 구수하고 달콤한 향이 나며, 입 안에 넣었을 때는 밥알이 낱낱이 살아 있음이 느껴지고, 혀로 밥알을 감았을 때 침이 고이면서 단맛이 더해지며, 살짝 씹을 때는 무르지도 단단하지도 않게 이 사이에서 기분 좋은 마찰을 일으켜야 한다.

밥은 한국 음식의 중심에 있다. 주변의 짜고 맵고 강한 맛이 나는 반찬들을 먹자면 이 중심이 흔들려서는 안 된다. 이 중심이 반찬의 짜고 맵고 강한 맛을 감싸고 헤치고 자르고 순화시킨다. 그러니 주변이 아무리 잘나 봤자 이 중심이 잡혀 있지 않으면 밥상은 무너진다.

맛있는 밥을 짓자면 맛있는 쌀을 고르는 것이 먼저이다. 지역과 품종, 재배 방법에 따라 쌀의 등급을 나누고 가격을 차별화해 놓았지만 실제로 그 쌀로 지은 밥에서 가격의 차이를 확인할 길은 없다. 또, 같은 브랜드의 같은 가격의 쌀도 봉지마다 맛이 다르다. 한 지역에서 난 한 품종의 쌀을 똑같은 조건의 저장고에서 똑같은 도정기를 거쳐 생산하지 않았으면 같은 브랜드를 붙이지 않는 것이 옳은 일일 터이다.

내가 알고 있는 지식과 경험으로는 지역, 품종, 재배 방법과는 관련 없이 '갓 도정한 쌀'이란 조건이 밥맛에서 제일 중요하다. 벼는 생명체이고, 이를 도정한 쌀은 주검이다. 주검 상태에서 시간이 지나면 부패가 일어난다. 싱싱한 재료일수록 맛있다는 것은 쌀에서도 똑같다.

수라

왕이 먹어도
밥인 것은 같다

왕이 먹는 밥을 수라라고 한다. 박물관 등에서는 온갖 음식이 올려진 12첩 반상 조선의 수라를 재현해 놓았지만 끼니마다 꼭 이렇게 먹지는 않았을 것이다. 한 사람이 먹기에 너무 많은 양이기 때문이다. 만약 정말 그랬다면 이런 추측을 할 수 있다. 우리 전통에 윗사람이 아랫사람에게 상을 물리는 법도가 있는데, 왕이 먹고 물리면 영의정이 이를 먹고 이어서 좌우의정이 먹은 것은 아닐까. 아니면, 왕의 가족이 물림상을 받았을 수도 있다.

수라의 구체적인 기록은 일제 강점기에 작성이 되는데 일제가 조선의 왕가를 흡수하면서 조선 왕가의 법도도 일본 왕가의 법도에 따르도록 한 이후의 일이라 그 기록들이 조선 왕가만의 것인지는 정확히 알 수가 없다. 대한제국 말기 대령숙수인 안순환이 차린 명월관은 당시 조선 왕가의 음식이라며 한 상에 일본 음식과 서양 음식도 다 내었던 것으로 기록하고 있다. 고종이 서양 음식을 즐겼다는 기록도 있다.

따라서 현재 전하는 궁중음식이란, 정확히 하자면, "일제하 조선 왕가의 음식"이라 해야 맞다. 여기에 더해, 현재 재현되어 있는 수라가 한국 음식의 적통인 것처럼 말하지만 한 줌도 안 되는 조선 왕가의 음식을 한국 음식의 전형으로 세우는 것은 마땅하지 않다.

조선의 왕이 수라를 받았을 때의 예의에 대해 전하는 말이 있다. 상 위에 차려진 음식의 재료가 어디에서 온 것인지 상궁이 일일이 이르면 왕은 그 음식들을 먹으며 그 산물을 생산한 백성들의 노고를 가슴에 새기면서 그들의 안위를 걱정해야 한다는 것이다. 악어의 눈물 같은 이야기이지만, 음식을 대하는 예법만 보자면 인간이면 누구든 갖추어야 할 덕목이다.

16
걸식

가장 처연한 음식

밥을 빌어먹는 것을 말한다. 스님들이 그
랬으나 이젠 그러지 않는다. 나라가 가난했
던 예전에는 집집이 돌며 걸식하는 거지들
이 많았다. 요즘도 걸식하는 사람들이 있다.
부랑자라 한다. 집집이 돌지는 않는다. 무료
급식소 등에서 밥을 얻어먹는다.

서울에서는 서울역, 용산역, 영등포역,
탑골공원 등에서 걸식을 볼 수 있다. 식판
에 밥, 멀건 국, 김치나 단무지, 어묵조림 따
위가 오른다. 밥차가 오면 길게 줄을 서 식
판에 밥을 받는다. 밥은 길거리 또는 급식을
하는 단체의 버스 안에서 먹는다. 선교단체
의 버스 안에서는 기도를 하고 먹어야 한다.

부랑자들은 모여서 밥을 먹지 않는다. 벽
을 보거나 서로 멀찍이 떨어져 식판의 밥에
만 집중한다. 식판을 싸안고 있는 자세는 먹
이를 낚아챈 육식동물이 그 먹이를 빼앗기
지 않기 위해 웅크리고 있는 모습을 닮았다.
아무하고도 말하지 않으며 아무 데에도 눈
길을 주지 않는다. 인간이 먹는 음식 중 가
장 동물적이며, 처연하다.

원초적 본능을
자극하는
향이 있다

청국장은 콩 발효 음식이다. 콩을 찌거나 삶아 따뜻한 곳에 며칠 두면 공기 중의 바실러스균이 붙어 자연발효가 일어난다. 바실러스균이 많은 볏짚 위에 두면 발효가 더 잘 된다. 바실러스균은 다양한 종류가 있는데 이 중에서 한 종류의 균을 추출하여 발효를 시키기도 한다. 흔히 납두균이라 하며, 판매도 한다.

청국장 특유의 냄새는 중독성이 있다. 그러나 발효 음식의 독특한 향취는 오랜 기간 일상식으로 접하지 않은 사람들에게는 악취이다. 그래서 청국장에 대한 기호는 극단으로 나뉜다. 이런 기호의 극단은 동서양을 막론하고 발효 음식에서 강하게 드러나는데, 인류의 탄생 이후 수백만 년간 이런 '썩은' 음식을 일상으로 먹으면서 생긴 원초적 본능이 아닌가 한다.

납두균처럼 한 종류의 바실러스균만을 버무려 발효시키면 냄새가 줄어든다. 일본의 낫또도 이런 식으로 제조된다. 이 냄새 적은 청국장이 요즘 대세이다. 청국장 특유의 냄새를 싫어하는 사람들도 쉬 먹을 수 있기 때문이며, 제조하는 이의 입장에서도 간편하고 발효 기간이 짧기 때문이다.

재래 청국장이든 개량 청국장이든 잘 띄우지 못한 청국장에서는 쓴맛이 난다. 이 쓴맛의 연유는 정확히 알 수 없는데, 경험으로 짐작할 수 있는 것은 콩의 문제가 아닌가 싶다. 콩은 씨앗이다. 수확 후 제대로 관리한 콩은 살아 있다. 이런 콩은 단백질과 지방 등의 변질이 없다.

관리가 소홀한 콩은 상하기 마련이다. 특히 수입 콩은 깨지거나 금가고 껍질이 벗겨져 있는 콩이 상당한데, 이런 콩은 죽은 콩이라고 봐야 한다. 이런 콩이 섞여 있을 때는 콩을 삶거나 쪘을 때부터 쓴맛이 난다. 또 청국장으로 띄우기 위해 삶거나 찐 후 따뜻한 곳에 두면 그 상하는 정도는 더욱 심해질 것이다. 그래서 쓴맛이 날 것이다.

재래 청국장이든 개량 청국장이든 잘 띄운 청국장에서는 달고 구수한 맛이 난다. 맛있는 청국장으로 찌개를 끓일 때 과다한 양념으로 그 달고 구수한 맛을 죽일 것은 아니다. 김치, 파, 두부만으로 충분히 맛있다.

재래 청국장이든 개량 청국장이든 시큼한 향이 조금씩은 있다. 오래 두어 신맛을 내는 잡균이 왕성하게 발동하지 않으면 크게 신경 쓸 냄새는 아니다.

공장산
묵은지로는
맛있는
김치찌개
못 끓인다

배추김치를 넣고 끓인 찌개이다. 대한민국 사람 아무나 잡고 물으면 김치찌개는 다들 잘 끓인다고 말한다. 조리하기 간단한 음식이기 때문이다. 맹물에다 숭숭 썬 김치, 부재료로 돼지고기, 고등어, 꽁치, 참치, 어묵, 햄, 소시지 중 적당히 골라 넣고 마늘이나 파, 풋고추, 두부 등으로 마무리하면 된다. 맛을 좀 더 깊게 하려면 맹물 대신 육수를 쓰면 된다.

그러나 이렇게 한다고 해서 다 같은 맛의 김치찌개가 되지 않는다는 것도 대한민국 사람들은 다들 안다. 김치찌개가 맛있으려면 맛있는 김치가 있어야 하는 것이다. 개운한 산미가 입 안에 확 번지는 묵은 김치가 아니고서는 맛있는 김치찌개를 끓일 수가 없다. 그래서 예전에는 김치찌개는 묵은 김장김치가 있어야 가능한 음식이었고 냉장고가 부엌에 놓이기 전까지는 겨울부터 늦은 봄까지만 먹을 수 있었다.

1990년대 중반부터 김치찌개 전문식당이 생기기 시작했다. 집에서 김장들을 담그지 않으니 김치찌개에 어울리는 묵은 김치를 얻을 수 없고, 따라서 대규모로 묵은지를 제조하는 업체가 나서 김치찌개 전문식당에 공급하는 사업을 벌인 것이다.

예전, 그러니까 이런 묵은지 공급 사업이 없을 때, 식당 정보가 전혀 없는 곳에 가면 나는 아무 식당에나 들어가 김치찌개를 시켜 먹곤 했다. 시골에 있는 식당일수록, 규모가 작은 식당일수록 그 김치찌개는 주인아주머니가 집에서 손수 담근 김치를 묵혀 끓여 내는 찌개일 확률이 높았고, 그래서 그 맛이 집집이 다 특별나게 느껴졌다.

그러나 요즘은 아무 식당에나 가서 김치찌개를 시켜 먹는 일은 하지 않는다. 공장에서 내는 묵은지로 인해 맛이 천편일률인 탓이다. 게다가! 신속하게 묵은지 맛을 내기 위해 유산균 발효보다는 초산 발효를 강하게 하여 식초를 탄 듯 톡 쏘는 '뜬금없는' 산미를 내는데다 너무 짜 입술이 부르틀 지경이며, 심지어 첫입에 맛있게 느껴지라고 설탕을 듬뿍 넣어 달기까지 한 김치찌개가 대부분이다. 그걸 맛있다고, '묵은지 마케팅'에 녹아나는 우리 입이 참 안쓰럽다.

묵은지 음식들은 완전히 식었을 때 그 맛의 바닥이 잘 드러난다. 얼마나 짜고 단지. OECD 국가 중 위장질환 발생률 세계 1위인 한국이 어떻게 한국 음식의 세계화 전략으로 슬로푸드니 웰빙푸드니 하는 말로 마케팅할 생각을 할 수 있는 것인지. 묵은지 열풍의 그림자가 참 길다.

미꾸리든
미꾸라지든
옛 맛이 안 나는
이유

추어탕은 미꾸리 또는 미꾸라지로 끓이는 탕이다. 미꾸리와 미꾸라지는 둘 다 잉어목 기름종개과의 민물고기이다. 이 둘을 육안으로 구별하기란 쉽지 않지만 생물학적으로 엄연히 다른 종이다. 미꾸리와 미꾸라지는 둘 다 생태적으로 비슷하다. 입가에 조그만 수염이 달려 있고 비늘 없이 미끌미끌하며 수면 위로 입을 내밀어 내장호흡을 하고 가물거나 겨울이면 흙 속으로 파고들어간다. 모양새에서 약간 다른데, 몸통이 약간 둥그스럼한 것이 미꾸리이고 세로로 납작한 것이 미꾸라지이다. 그래서 미꾸리는 둥글이, 미꾸라지는 납작이 또는 넙죽이라 불린다.

우리 땅에서는 오래 전부터 이 미꾸리와 미꾸라지가 함께 살았는데, 미꾸리가 미꾸라지보다 더 강한 종이어서 야생 상태에서 포획을 하면 미꾸리가 더 많이 잡혔다. 그리고 미꾸리가 미꾸라지에 비해 구수한 맛이 더 있어 토종 대접을 받았다.

요즘 추어탕집에서 쓰는 물고기는 미꾸라지가 대부분이다. 이유는, 미꾸라지가 미꾸리에 비해 더 빨리 자라기 때문이다. 미꾸리든 미꾸라지든 추어탕감으로 쓰려면 15센티미터 정도에 이르러야 하는데, 치어를 받아 와 이 크기에 이르기까지 기르려면 미꾸라지는 1년 내외면 되지만 미꾸리는 2년은 넘겨야 한다. 그러니 양식업체에서 미꾸라지를 선호하게 되고 추어탕집에서는 이 미꾸라지로 탕을 끓일 수밖에 없는 것이다.

추어탕이 옛 맛이 아닌 것은 재료의 변화 탓만은 아니다. 미꾸리든 미꾸라지든 주재료는 조금만 넣고 여기에 구수한 맛을 더하기 위해 콩가루며 들깨가루를 잔뜩 넣기 때문이다. 콩탕이라 부르는 것이 더 나은 추어탕도 흔히 보지만 이를 구별하는 손님은 적다. 그래서 여기저기 대규모 추어탕 식당들이 차려지는 것이다.

말리는 수고가 귀찮아 진미를 버린다

물메기의 표준어는 꼼치이다. 꼼치는 우리나라 바다 전역에서 나는데, 이 이름 그대로 부르는 지역은 거의 없다. 동해에서는 곰치, 물곰, 남해에서는 미거지, 물미거지, 황해에서는 잠뱅이, 물잠뱅이 등등으로 불린다.

2000년대 들어 물메기탕이 크게 번졌다. 대부분 탕으로 해서 먹는데, 삼척에서 시작했다는 '묵은지 넣은 물메기탕'이 제일 인기이다. 이에 반해 남해와 황해에서는 김치 넣은 물메기탕이 드물다. 물메기 맛 좀 안다는 사람들은 무와 대파 그리고 마늘만 들어간 맑은탕으로 먹는다. 시원하면서 감칠맛이 입에 착착 붙는 생선을 굳이 맵게 하여 맛을 버릴 수 없다는 주장이다. 실제로 물메기는 지방이 극히 적고 아미노산이 풍부하여 '순한 감칠맛'을 내는 데에는 최고의 생선이라고 할 수 있다.

생것은 요리를 하여도 껍질의 질감이 미끄덩하고 살에도 점액이 흘러 썩 좋은 느낌이 들지 않는다. 심하게는 "콧물을 마시는 기분"이라는 평도 있다. 물메기는 말리면 미끄덩거리는 질감이 없어진다. 여기에 껍질까지 벗겨 말리면 살의 부드러움이 더 좋아진다. 그러나 말린 물메기는 산지에서도 귀하다. 생것으로도 잘 팔리는데 굳이 말릴 필요가 있겠느냐는 것이다. 물메기의 진미를 귀찮다고 버릴 것은 아니다.

아귀 간이
없으면
아귀 요리가
아니다

아귀는 다소 깊은 바다에서 사는데, 몸에 비해 머리가 크다. 위도 크다. 배를 가르면 내장의 절반이 위이다. 또 그만한 크기의 간이 있다. 아귀는 보통 찜과 탕으로 해서 먹는다.

아귀는 한 마리에서 실로 다양한 맛을 볼 수 있는 생선이다. 크게 나누자면, 살과 껍질, 내장의 맛이 제각각이다. 탕으로 끓이면 살은 보들보들하고 껍질은 찐득하며 내장은 쫄깃하다. 또, 살은 달콤하고 껍질은 밋밋하며 내장은 슴슴하다. 내장의 대부분은 위인데 생선의 내장이라기보다는 포유류의 그것을 씹는 듯한 느낌이 든다. 껍질은 부위마다 맛이 다 다른데, 특히 잇몸 부위의 질감은 그 찰기가 어디에서도 얻을 수 없을 정도로 탄력이 있다.

그래서 일본에서는 이 아귀를 부위별로 세세하게 나누고 그 부위의 특징적인 맛에 어울리게 조리하여 코스식 정찬으로 즐긴다. 그러나 우리나라에서는 한 마리를 부위 가리지 않고 통째로 절단하여 탕을 하거나 찜으로 해서 먹는다. 탕과 찜 안의 아귀는 부위를 알아볼 수가 없게 되는데, 아귀의 부위별 맛을 즐기려면 퍼즐 조각 맞추듯이 이러저리 훑어보며 먹어야 한다.

아귀를 조리하는 두 민족 간의 이 극단적인 차이점이 두 민족의 음식문화 차이를 이해하는 데 큰 시사점을 줄 수 있을 것이다.

아귀 맛의 최절정은 간에 있다. 탱탱한 듯하지만 한쪽이 깨지면 맑은 물에 먹물 퍼지듯 크리미한 향이 탁 풀어지면서 온몸을 휘감게 된다. 유럽의 미식가들이 최고의 맛이라고 말하는 거위 간보다 이 아귀 간이 풍미와 질감에서는 한 수 위이다. 거위 간은 거위에게 억지로 고단백 고지방 사료를 투여하여 얻어 내는 것이지만 아귀 간은 깊은 바다에서 제 스스로 만든 것이기 때문에 더욱 그렇다. 그러나 이 맛있는 아귀 간을 아귀 음식점에서 맛보지 못하는 일이 잦다. 아귀 간만 빼내어 파는 일이 허다하기 때문이다. 아귀 간 없는 아귀 요리는 아귀 맛의 10%만 담아낸 것이다.

잡식성 인간

세상은 넓고 먹을 것은 많다

대체로 우리나라 사람들은 입맛에 대해 보수적인 성향을 지니고 있다. 그리 길지 않은 해외여행을 가면서도 고추장, 라면 따위를 싸가는 민족이다. 한반도라는 좁은 땅에서 단일민족으로 오랜 세월을 살아온 탓에 다양한 외래 음식을 접하지 못한 까닭일 수도 있다.

우리가 음식을 먹는 데는 세 가지 조건이 맞아떨어져야 한다. 안전성과 영양, 기호가 그 세 조건이다. 즉 먹으면 죽거나 탈이 날 것 같은 음식, 먹어 보았자 아무 영양이 없는 음식, 평소 먹어 보지 않은 독특한 색이나 모양, 냄새를 지닌 음식을 인간은 먹지 않는다. 그 외는 다 먹는다.

우리는 음식을 먹으면서 위 세 가지 조건을 거의 무의식적으로 적용한다. 이것을 먹으면 탈이 나지 않을까, 이것보다 저것이 몸에 좋을 것 같은데, 저것은 맛없어 보인단 말야 등등 머릿속에서는 선택과 거부의 반응이 끊임없이 일어난다. 극단적인 굶주림 상태에 있지 않고서는 어느 한 조건만이라도 충족되지 않으면 그 음식은 거부되는 게 일반적이다.

음식에 대한 정보가 거의 없었던 시대의 인간들에게는 음식의 선택과 거부는 곧 삶과 죽음이 갈리는 일이었을 것이다. 오감을 통해서 이 음식을 먹어도 되는지 판단하기란 쉽지 않다. 중국 옛이야기에 농업과 의약의 신인 신농씨가 온갖 식물을 먹어 본 후 먹을 수 있는 것만 골라내어 이를 인간들도 먹게 했다는 신화가 있다. 아마 신농씨는 독초를 잘못 알고 먹고 죽은 뭇 옛사람들을 상징하는 신일 것이다.

인류문명의 발달로 현대를 사는 우리는 각종 음식의 안전성과 영양에 대해서는 그리 크게 신경을 쓰지 않아도 되게 되었다. 오히려 음식의 영양과 안전성에 대한 정보가 넘쳐나는 것이 문제 될 지경이다. 이쯤에 이르니 우리가 음식을 선택하고 거부하는 기준은 오직 기호에 따른다고 할 만하다.

음식에 대한 기호는 크게 개인적인 기호와 문화적인 기호(집단적인 혹은 사회적인 기호라고도 할 수 있겠다)로 나눌 수 있다. 한국인은 개고기를 즐기고, 프랑스인은 달팽이를 고급 음식으로 친다. 프랑스인이 개고기를 먹을 수도 있고 한국인이 달팽이를 먹을 수도 있으므로 개고기와 달팽이를 먹는 것은 개인적인 기호이기도 하지만, 개고기를 즐기는 한국인에 대한 시각과 달팽이를 먹는 프랑스인에 대한 시각이 프랑스인과 한국인이 각각 다르므로 문화적 기호이기도 하다.

음식에 대한 개인적인 기호는 만인만색이라 이를 시시콜콜 구별하여 논의하는 것은 큰 의미가 없을 것이다(제각각의 음식 기호를 주장하는 가족들의 입맛을 맞추기 위해 오늘도 부엌칼을 손에 들고 고민에 빠져 있을 주부들은 음식에 대한 개인적 기호란 얼마나 골치 아픈 문제인지 잘 알 것이다). 그리고 개인적인 기호는 부모, 빈부, 종교, 신념, 건강, 체질 등의 개개인의 독특한 환경 아래서 형성됨과 동시에 개개인이 삶의 터전으로 갖고 있는 지역의 문화적 기호에 의해서도 영향을 받기 마련이므로, '이것이 나만이 지니고 있는 음식에 대한 기호이다'라고 딱 부러지게 말할 수 있는 경우는 극히 드물다. 따라서 우리가 음식을 먹고 안 먹고 하는 문제는 '순전히' 문화적 기호에 따른다고 해도 지나친 판단은 아닐 것이다.

새로운 맛을 보기 위해서는 먼저 이 문화적 장벽부터 넘어야 한다. 항상 먹던 음식만 먹을 수 있는 게 아니다. 세상은 넓고 먹을 것은 많다. 굳이 식도락가가 아니더라도 새로운 맛에 대한 호기심은 삶의 활력이 된다. 음식의 문화적 장벽 저 너머에 새로운 맛이 있다. 인간은 지구상에서 가장 다양한 음식을 먹는 잡식성 동물이다.

된장 쌈의
또 다른
형태일 수도 있다

돼지고기의 삼겹살 부위를 구워 먹는 음식이다. 보통 '삼겹살'이라 줄여 말한다. 한반도에 오래 전부터 있어 온 음식은 아니다. 프로판가스가 보급되고 이를 이용한 식탁용 조리기구가 개발되면서 만들어진 음식으로 1970년대 중반에 외식업계에 등장하였다.

돼지고기를 요리하는 방법으로 가장 원시적이다. 달구어진 불판에 삼겹살을 올려 굽기만 하면 되는 음식이기 때문이다. 구워진 삼겹살은 된장을 발라 상추 또는 깻잎에 올린 후 풋고추와 마늘 등을 넣고 쌈을 싸서 먹는 것이 일반적이다. 소금을 넣은 참기름에 찍어 먹기도 한다.

삼겹살구이 맛의 일차적인 포인트는 삼겹살에 붙어 있는 지방질에 있다. 삼겹살이 불판에 구워지면 고기는 단단해지고 지방질은 부드러워진다. 이 부드러운 지방질이 단단해진 고기와 섞이면서 삼겹살 전체가 기분 좋은 치감을 제공하게 된다. 또 녹아내린 지방질은 고소한 향을 풍기는데, 구워진 삼겹살을 입 안에 넣기도 전에 후각을 강하게 자극한다. 불판에 녹아내리는 지방질의 향내는 워낙 강하여 된장의 독특한 발효 향, 생마늘의 톡 쏘는 냄새와 충돌하여도 버텨 낸다.

한때 삼겹살구이에 맛을 더하는 다양한 방식이 시도되었다. 삼겹살을 와인에 재워 숙성시키거나 콩가루에 찍어 먹기도 하였다. 그러나 이 모든 방식은 잠깐의 유행으로 끝이 났다. 그러면서 우리가 삼겹살구이에서 바라는 맛이 무엇인지 스스로 확인하게 되었다. 삼겹살구이는 돼지고기 그 자체의 맛을 즐기는 음식이 아니었던 것이다. 만약 그랬으면 삼겹살구이는 훨씬 다양한 방식의 양념법과 굽는 방법이 개발되었을 것이다.

삼겹살구이에서 우리가 즐기는 맛의 또 다른 포인트는 된장과 쌈에 있다. 신선한 채소 안에서 터져 나오는 고소한 돼지고기와 짭짤한 된장 맛의 조화에 주목할 필요가 있는 것이다. 그러고 보면 삼겹살구이는 이 '된장 쌈'의 한 재료에 불과할 수도 있다.

간장과 설탕
타는 맛으로
먹는다

돼지갈비는 돼지의 갈비로만 조리되지 않는다. 넙데데하게 펼수 있는 돼지고기의 거의 모든 부위가 돼지갈비로 구워진다. 닭갈비처럼, 쇠갈비에 대한 한국인의 열망이 투영되어 이름만 그리 붙은 것이다. 따라서 이를 먹는 사람들도 돼지갈비가 꼭 돼지의 갈비일 필요는 없다고 여긴다. 음식 이름을 바로잡자면, 돼지양념구이가 맞다.

양념은 간장과 설탕(과 물엿)이 기본이다. 여기에 참기름, 마늘, 양파, 파, 배, 사과 등이 첨가된다. 돼지갈비를 구우면 간장과 설탕이 불에 타면서 내는 향이 제일 강하고 참기름 등의 양념은 부차적인 것이 된다. 간장과 설탕이 불에 타면서 내는 향은 들척지근하면서 찝찌름하다. 간장의 발효 향을 극대화하고 여기에 달콤한 향을 더한 것이라 설명할 수 있겠다. 음식에 장류를 흔히 쓰는 한국인에게 이 강렬한 향은 식욕을 참을 수 없게 만든다.

돼지갈비 굽는 향을 돋우기 위하여 이미 불기운의 맛을 가지고 있는 캐러멜 시럽을 넣는 일이 흔하다. 캐러멜 시럽은 돼지고기의 희멀그레한 살색을 숨기는 역할도 한다. 설탕에 물엿, 캐러멜 시럽까지 더해지면 돼지갈비는 번질번질해지고 불판에 찐득한 잔여물을 남기는 지경에까지 이르는데, 이 정도이면 과도한 단맛과 밸런스를 이루기 위해 간이 세어지고, 결국은 돼지강정 수준의 돼지갈비를 먹게 된다.

과다하게 양념한 돼지갈비에서는 돼지고기 맛을 느낄 수 없다.

외식업체에서 과다한 양념이 일반화되어 있는 것은 바로 이런 '효과'를 얻기 위한 것이다. 질 떨어지는 돼지고기일수록 양념은 강해지고 숙성 시간은 길어진다. 신선하고 잡 내 없는 돼지고기는 흐릿한 간장에 조금의 설탕과 파, 마늘, 참기름, 과일즙 정도 양념을 하여 두어 시간 재워 구워도 맛있다.

마블링에 연연하면 붉은 고기의 감칠맛을 놓친다

한우고기의 등급은 근내 지방도에 따라 결정된다. 한우고기 중 최상급은 1등급 투뿔(1++)이다. 이 투뿔 한우고기를 맛있다고 느끼는 까닭은 순전히 근내 지방(이른바 마블링) 덕이다. 붉은 고기 사이에 촘촘히 박힌 지방은 불기운이 닿으면 순식간에 녹아 고기 전체를 감싸 고소한 맛을 더하며, 녹지 않고 남은 지방은 고기를 씹을 때 부드러움을 더해 준다. 부드럽고 고소하기로 한우고기 1등급 투뿔만 한 것이 이 세상에 어디 있겠는가.

이 마블링 고기에 대한 강한 기호도는 일본인들의 식습관에서 비롯된 것으로 보인다. 그들은 음식을 이로 씹는 행위를 강하게 하지 않는다. 그들이 음식 먹는 것을 보면 씹는다기보다 오물거린다는 표현이 맞을 정도이다. 그에 반해 우리 민족은 치아 사이에 음식물을 두고 강하게 오래 씹는 버릇이 있다. "입에 살살 녹는" 고기가 맛있다는 생각은 일본인들의 쇠고기 기호를 무턱대고 좇아 만들어진 것일 수도 있다(마블링이란 단어가 일반화된 것은 1990년대 이후의 일이다).

지방이 불기운에 녹아내리면서 내는 고소함이 1등급 투뿔의 매력이라고 하지만, 내 생각에는 이 과다한 지방이 오히려 붉은 고기의 감칠맛을 죽이고 있다. 지방 하나 없는 우둔이나 사태를 생으로 씹을 때 맛볼 수 있는 쇠고기 특유의 감칠맛은 1등급 투뿔의 마블링 쇠고기구이에서는 도저히 찾을 수가 없다.

붉은 고기의 감칠맛은 2주 정도 숙성되었을 때 더 깊어진다. 그러나 마블링이 잘 되어 있는 부위는 숙성을 시키면 미끄덩거리면서 식감이 떨어지고 지방이 타면서 내는 고소함의 매력도 느껴지지 않는다. 잘 숙성된 붉은 고기의 깊은 감칠맛을 맛보게 되면 오랜 육식문화를 유지해 온 서구인들이 마블링에 연연해하지 않는 이유를 알게 될 것이다.

마블링 쇠고기에 대한 '잘못된 신화'가 한우고기의 진정한 매력을 죽이고 있는 것은 아닌지 걱정이 된다.

열역학이
고기구이 맛을
결정한다

음식을 익히는 것은 열이다. 열은 어떻게 이동하는가에 따라 대류열, 전도열, 복사열로 나눌 수 있다. 대류열은 열원에서 데워지는 공기의 열이고, 전도열은 구이판 같은 전도체의 열이며, 복사열은 열원에서 방사되는 전자기파의 열이다.

가스 불에 곧장 고기를 올리는 것은 대류열로 고기를 익히겠다는 것이다. 대류열은 고기의 겉을 금방 익힐 수 있지만 속까지 익히는 데는 시간이 많이 걸려 고기를 마르게 한다. 구이판에 고기를 올리는 것은 전도열의 이용이다. 구이판이 열을 응집하여 고기에 전달하므로 대류열보다는 나은 고기 맛을 낸다. 복사열은 고기 내부에 전자기파를 침투시켜 익히므로 육즙이 잘 잡힌다. 복사열을 이용하자면 숯불이 제일 좋다.

숯불이라고 해도, 조그만 화덕에 숯 몇 조각 넣고 고기를 구우면 전도열을 이용하는 것보다 못한 결과를 얻게 된다. 숯의 양이 많아야 하며, 숯불과 고기의 거리를 최단으로 해야 한다. 복사열을 강하게 해 순식간에 익혀야 제대로 된 고기 맛을 얻을 수 있다.

구이판으로도 복사열을 얻을 수 있는 방법이 있다. 두툼하고 널찍한 돌, 무쇠 등을 오랫동안 데우면 그 돌과 무쇠 등에서 복사열이 발생한다. 연탄도 복사열을 낸다. 잘 일군 연탄불은 웬만한 숯불화로보다 낫다.

숯은 왕겨나 톱밥 등을 압축해 만든 열탄(조형탄), 숯가마 속에서 식힌 검탄, 숯가마에서 불기가 남은 나무를 꺼내 흙을 덮어 만든 백탄이 있다. 일정한 온도를 유지하고 연기와 일산화탄소 발생량이 적은 백탄이 고기 굽기에 가장 좋다. 열탄은 숯가루를 덩어리로 만들기 위해 화공약품을 쓰는 탓에 약품 냄새가 고기 맛을 망친다.

잘 끓인
설렁탕 맛을
국수를 말아
망치다니

쇠고기와 쇠뼈로 끓이는 국이다. 예전에는 내장, 쇠머리 등도 함께 끓였으나 요즘은 냄새 난다고 넣지 않는다. 쇠고기도 예전엔 구이용 부위 빼고는 어떤 것이든 다 들어갔으나 최근엔 사태를 주로 쓰고 잡육은 적당히 섞는다. 쇠뼈는 사골에 잡뼈를 더해 쓴다.

설렁탕은 입에 착 달라붙는 감칠맛에 구수함이 섞이고 뒤에는 개운함이 있어야 한다. 좋은 설렁탕은 단맛까지 있다.

설렁탕의 맛은 어떤 소를 쓰는가에 따라 크게 달라진다. 한우 설렁탕이 맛있다 하는 것은 한우고기에 올레인산이 많은 까닭이다. 올레인산은 감칠맛을 낸다. 풀 사료만 먹인 수입 소의 고기와 뼈로는 맛있는 설렁탕을 얻을 수 없다. 곡물 사료를 먹인 수입 소의 경우는 웬만큼 맛을 낸다. 곡물 사료가 올레인산 함량을 늘리기 때문이다.

재료 다음으로 끓여 내는 기술이 중요하다. 설렁탕 제대로 한다는 식당들은 나름대로 노하우 하나씩은 가지고 있다. 뼈와 고기의 끓여 내는 시간을 달리해 뼈 국물을 나누고, 고기 국물을 더하는 기술에 따라 맛 차이가 난다. 특히 뼈와 고기 외에 쇠기름이 중요한데, 마지막에 쇠기름을 넣어 고소한 맛을 더한다. 쇠기름으로는 콩팥 옆의 두태를 쓴다. 한우를 썼음에도 맹탕의 국물 맛이 나는 것은 고기 양을 적게 썼기 때문이며, 뼈 비린내가 풍기는 것은 국물을 진하게 보이려고 쇠뼈를 너무 곤 결과이다.

설렁탕에 담겨 나오는 국수는 없애야 한다. 국수의 밀가루 냄새로 국물 맛이 다치기 때문이다. 설렁탕에 국수가 들어가게 된 것은 한국전쟁 이후 미국 구호물자로 밀가루가 흔해지면서부터이다. 못 먹고 살 때 양을 늘리기 위한 것이었지 맛을 더하기 위한 것은 아니다. 꼭 국수를 말아 먹겠다면 주방에서부터 탕에 넣지 말고 따로 내는 것이 맞다.

닭이 주연이고
인삼은
조연일 뿐

흔히 삼계탕이라 하지만, 계삼탕이 맞는 말이다. 닭이 주재료이고 인삼은 부재료인 까닭이다. 이렇게 음식 이름을 바로잡아 놓고 보면 이 음식 맛의 중심이 보인다. 주재료인 닭이 제일 중요하다는 말이다.

유명 계삼탕 집이나 동네 조그만 계삼탕 집이나 닭은 똑같다. 하림 등 계삼탕용 닭을 생산하는 사육업자들이 키우는 닭이 대부분 같은 품종이고 같은 사료를 먹이기 때문이다. 수입 종자의 육계를 30일 가량 키워서 낸다. 웅추라는 닭을 쓴다고 마케팅하는 업소가 있는데, 웅추는 산란계 수컷으로 50일 가량 키워 크기가 약간 크고 씹는 맛이 더 있을 뿐 육계와 그닥 큰 차이가 나지 않는다.

닭이 이러니 진한 국물 맛이 나오지 않는다. 애초 외래종 육계 종자 자체가 국물 내는 용으로 개량되지 않은 탓도 있다. 그래서 계삼탕 집에서 맛을 내는 방법은 이것저것 첨가를 하는 것이다. 닭발로 국물 맛을 더하기도 하고 곡물을 갈아 넣기도 한다. 닭살이 끓여지면서 내는 '달콤한' 국물 맛은 찾을 길이 없고 닭과는 전혀 관계없는 생뚱맞은 맛을 낼 뿐이다.

인삼은 달고 씁쓰레한 맛을 낸다. 향이 강한 재료이므로 닭과 섞으면 인삼이 이긴다. 몸에 좋으라고 큰 인삼을 잔뜩 넣는 것은 좋지 않다. 닭 누린내 잡을 정도면 된다. 내 생각에는 인삼보다는 황기가 닭과 더 잘 어울린다. 100일 정도 키운 토종닭에 황기 서너 뿌리 넣고 푹 고면 닭의 진미를 느낄 수 있다.

세상에서 가장

난해한 조리법

세상에서 가장 난해한 조리법

세상에서 가장 난해한 조리법해보고 요간 세상에서 가장

① 사골 곤 물로 밥을 짓고 밥이 끓어오르면 불을 줄여 콩나물 (100그램)을 얹어 뜸을 들인다.

② 콩나물이 익으면 밥과 고루 섞는다.

③ 쇠고기는 채 썰어 배즙, 청주를 넣고 무쳐서 1시간 정도 놓아 둔 후 마늘, 청장, 참기름, 깨소금, 잣가루를 넣고 무쳐 두었다가 육회로 사용한다.

④ 미나리는 끓는 물에 소금을 조금 넣고 살짝 데친 후 소금, 참기름, 마늘, 깨소금을 넣고 무친다.

⑤ 콩나물(100그램)은 끓는 물에 소금을 조금 넣고 삶은 후 찬물에 헹군다.

⑥ 도라지는 소금을 넣어 주무른 후 씻어 쓴맛을 제거한 다음 마늘, 소금을 넣어 볶다가 깨소금, 참기름을 넣는다.

⑦ 고사리는 끓는 물에 삶은 다음 마늘, 청장을 넣어 무쳐서 볶다가 깨소금, 참기름을 넣는다.

⑧ 표고버섯은 채 썰어 깨소금, 참기름, 청장, 마늘을 넣고 무친 다음 살짝 볶는다.

⑨ 애호박은 채 썰어 소금에 절였다가 찬물에 살짝 헹구고 물기를 짠 후 마늘을 넣고 볶다가 참기름, 깨소금을 넣는다.

⑩ 무는 채 썰어 고춧가루, 마늘, 쑥갓, 소금을 넣고 무친다.

⑪ 오이와 당근은 길이 4~5센티미터 정도로 곱게 채 썰고 황포묵은 길이 4~5센티미터, 나비 1센티미터, 두께 3센티미터 정도로 썰어 놓는다.

⑫ 그릇에 밥을 담고 나물을 색스럽게 올려 담고 가운데에 육회를 넣고 그 위에 달걀노른자를 얹은 다음 기름에 튀긴 다시마를 잘게 부숴 넣는다.

⑬ 고추장을 따로 담아내서 개인 식성에 맞추어 넣게 하고 콩나물국과 물김치를 곁들여 낸다. 마지막으로, 고추장 올리고 마구 비벼 먹는다.

그 낱낱의 맛이 입 안에서 느껴지는가.

고추장이 없어야 나물 맛이 드러난다

비빔밥은 사골국물, 콩나물, 밥, 쇠고기, 배, 청주, 마늘, 청장, 참기름, 깨소금, 잣가루, 미나리, 도라지, 고사리, 표고버섯, 애호박, 무, 고춧가루, 쑥갓, 오이, 당근, 달걀, 다시마, 고추장이 어우러져 맛을 낸다. 이들 재료 중 각종 나물들과 육회는 전체 중에 각각 제 부피만큼씩 맛을 주장한다. 또 이 나물들과 육회는 비비기 전에 그 자체로 맛이 완성되어 있는 상태다. 이들을 여러 그릇에 각각 담으면 나물로 차려진 한정식 한 상이 나온다.

비빔밥 위에 올린 나물들은 재료가 제각각일 뿐이지 맛을 내는 방법은 거의 같다. 익히면서 채소 자체에서 단맛이 나게 하고 여기에 짠맛과 고소함을 더한다. 이 정도면 맛에 빈 공간이 없다. 이들 나물들을 섞으면 양념이 비슷하니 맛의 충돌도 없다. 그런데 우리는 이 나물들의 섞음에 고추장을 더한다. 왜?

고추장은 한식 식재료 중 최강군이다. 고추장 한 숟가락이면 한 드럼의 육개장 맛도 변하게 할 정도이다. 여리디 여린 나물들을 조물조물 무쳐 놓고 왜 이 강력한 향의 고추장으로 비벼 마무리를 하는가. 밥이 더해져 나물만으로는 간이 약하기 때문이라고 말할 수도 있으나 나물이란 원래 밥과 함께 먹을 수 있게끔 조리되는 것이니 비빔을 해도 간에 부족함이 없어야 하는 것이 정상이다.

옛날에는 가정집에서 이렇게 익힌 나물로 비빔밥을 해 먹을 때 고추장을 더하는 일이 없었다. 추측하건대, 비빔밥이 식당에서 팔리면서 고추장이 더해진 것으로 보인다. 나물들 각각의 맛을 제대로 살리지 못하니 고추장으로 맛을 얼버무리기 위한 술책으로밖에 안 보인다.

비빔밥의 나물들을 제대로 조리해 내자면 보통의 공력이 드는 것이 아니다. 그 공력을 고추장이 대신하고 있는 것이다.

아내 ³¹

내
미각
세계의
조정자

내 미각 수준을 가장 잘 알고 있는 사람이다.

나는 내 아내 앞에서는 맛 칼럼니스트라는 권위를 잃는다. 그녀가 해 주는 음식을 먹고 입맛을 단련해 온 탓이다. 그녀는 내가 어떤 음식에 민감하고 어떤 음식에 둔감한지 잘 알고 있다. 또 어떻게 하면 내 미각을 속일 수 있는지도 잘 알고 있다. 그러니 나는 그녀의 음식 세계 안에서 조정을 당할 수밖에 없다.

결혼을 하기 전에 나는 내 어머니의 음식 세계 안에서 살았다. 결혼 후 일정 기간 동안 어머니의 음식 세계와 아내의 음식 세계가 충돌하였는데, 나는 어머니의 음식 세계에 안주하려 하였고 아내는 자신의 세계로 들어오지 않는 나를 이런저런 음식으로 어떨 때는 달래고 어떨 때는 윽박질렀다. 이제는 그럴 필요가 없다. 어머니는 이제 음식 하는 것도 귀찮아하시고 내가 어떤 음식을 먹는지에 대해서도 관심을 두지 않으신다. 당신의 며느리에게 맡긴 것이다. 나는 이 두 여자의 결정을 따를 수밖에 없다.

"맛있는 음식은 이 세상 어머니의 수와 같다"는 말을 들었다. 어머니가 자식에게 먹이는 음식만큼 사랑과 정성이 들어간 음식은 이 세상에 없다는 말일 것이다. 어머니의 음식에 대한 이런 애착은 어머니가 부재했을 때 비로소 드러난다. 바로 곁에서 매일 먹을 때는 모른다는 말이다. 아내의 음식도 그럴 것이다.

아내가 단지 내 미각만 조정하고 있는 것이 아니라 내 삶을 조정하고 있다는 것을 서서히 깨닫고 있다. 어머니가 어린 나를 그렇게 하였던 것처럼 아내가 그러고 있는 것이다. 음식을 해서 먹인다는 것은 곧 생명을 유지시켜 주는 일이다. 이것은 가장 근원적이고 원초적인 사랑의 행위이다. 아내가 내 삶의 조정자 노릇을 할 수 있는 권위는 이 사랑이 부여한 것이다.

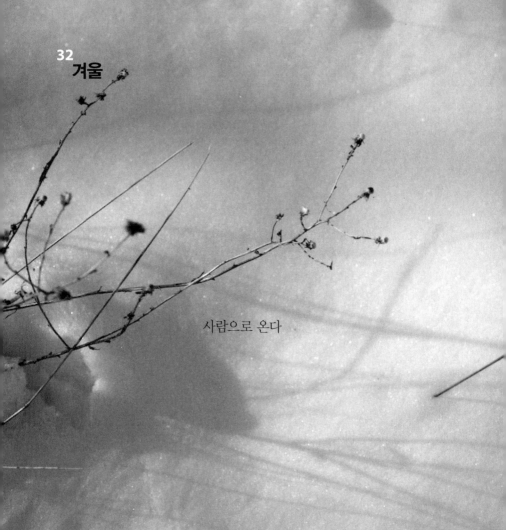

겨울

사람으로 온다

겨울은 사람으로 온다. 자연이 잠들고 만물은 웅크리니 사람이 더 그리운 것이고, 그래서 사람이 보인다. 아무도 없는 겨울밤 골목길에 부는 차가운 바람에도 사람의 온기가 스며 있음을 느낀다. 행복한 계절이다.

겨울 사람들은 제 몸의 감각을 다 드러내지 않는다. 그러니 조그만 음식에도 만족을 하고 기뻐한다. 따뜻한 가락국수 한 그릇에도.

대접하는 정성은
사라지고
싼 값과 싼 맛만
남았다

멸치장국에 말아 먹는 국수이다. 예전에 잔칫날 먹던 국수라 이렇게 부른다. 장국수라 부르기도 한다. 국수는 기계로 뽑은 소면이나 중면을 쓴다. 고명으로 호박, 양파, 버섯 등을 볶아 올리며 김가루를 더하기도 한다. 고추다짐 양념으로 간을 맞춘다.

2000년대 중반 외식업계에 국수 바람이 크게 일었다. 식재료 원가가 낮아 싸게 팔아도 수지를 맞출 수 있다는 장점이 주목을 받은 결과이다. 그러나 식품 공장에서 생산하는 혼합조미료나 저질의 멸치를 사다가 국물을 내어 잔치국수 맛을 떨어뜨리는 노릇만 하고 있다. 혼합조미료로 낸 국물은 들척지근한 맛이 강하고 저질의 멸치로 낸 국물은 비리고 쓰다.

대멸을 쓰려면 멸치의 머리와 내장은 버려야 한다. 중멸은 그냥 써도 된다. 오래되어 눅눅한 멸치는 팬에 덖으면 잡 내가 달아나지만 좋은 멸치는 그럴 필요가 없다. 멸치는 강한 불에 오래 끓이면 쓴맛이 많아진다. 찬물에 하룻밤 우렸다가 살짝 끓여 비린내만 날리면 더없이 고급스런 국물이 만들어진다. 대멸을 불에 구워 끓이면 강하고 복잡한 맛의 국물이 만들어진다. 디포리를 섞어 쓰기도 하는데, 디포리가 쌀 때는 넉넉히 넣어 풍성한 맛을 낼 수 있는 이점이 있지만 멸치와 값이 비슷한 요즘엔 이득이 없다. 디포리는 멸치에 비해 맛이 약하기 때문이다.

기계 소면이나 중면은 제조공장의 특징이 없이 다 비슷하다. 소금이나 전분을 첨가하여 쫄깃함을 더하기도 하는데, 소금이 많이 든 것은 삶은 후에도 짜며 전분이 든 것은 부드러운 식감을 해칠 뿐이다. 일제 강점기 일본인이 우리 땅에 남기고 간 수연소면이 식감에서 가장 좋다. 국수는 제조 후 묵힌 것이 좋다. 그래야 생밀가루 냄새가 나지 않는다.

국수를 삶을 때는 물의 온도 변화가 없어야 한다. 따라서 큰 냄비에 물을 넉넉히 끓여서, 국수를 넣고 난 다음에도 물 온도가 유지되게 해야 한다. 물이 끓으면서 그 힘으로 국수가 저절로 휘돌아치게 하는 것이 좋다. 헹구는 물은 얼음처럼 차가워야 한다.

싼 가격의 잔치국수라고 함부로 맛을 내는 경향이 있다. 맛있는 잔치국수는, 제대로 된 국물과 국수를 만들어 내자면, 돈이 많이 드는 음식이다.

국물 종류가
다르면
면의 굵기도
달라야 한다

밀가루를 반죽하여 커다랗게 반대기를 지은 후 돌돌 말아 칼로 썰어 만든 면을 끓인 국수이다. 밀가루에 달걀 또는 콩가루를 더하기도 한다. 면을 만드는 방식을 음식 이름으로 따온 것이며, 따라서 여기에 어떤 국물, 어떤 웃기를 쓰는가에 따라 실로 다양한 칼국수가 만들어진다.

칼국수를 끓이는 방식으로 다시 분류하자면, 아예 면을 국물에 넣고 끓이면 제물칼국수, 면을 삶은 후 찬물에 헹구었다가 뜨거운 국물을 부으면 건진칼국수라고 한다. 제물칼국수는 면에 간이 배는 장점이 있는 반면 면의 겉이 거칠어지고, 건진칼국수는 면의 표면이 깨끗하고 쫄깃한 촉감이 좋아지는 반면 제물칼국수에 비해 간이 심심하다는 단점이 있다. 또 제물칼국수는 면의 겉에 붙어 있는 밀가루가 국물에 풀어져 탁해지고 생밀가루 냄새가 나는 것이 단점이다.

칼국수는 크게 닭국물, 사골국물, 해물국물을 쓴다. 일반적으로 이 국물에 따라 면의 굵기가 달라지는데, 사골칼국수의 면이 가장 가늘고 닭칼국수는 중간이며 해물칼국수는 굵은 편이다. 이런 차이는 국물 맛의 강도에 따라 자연스럽게 만들어진 것으로 보인다. 가는 면의 사골칼국수는 씹지 않고 후루룩 넘기면서 목넘김의 쾌감을 즐기고, 굵은 면의 해물칼국수는 오물오물 씹으면서 쫀득한 면의 식감을 즐기는 게 요령이다.

공장에서 만들어 파는 칼국수 면은 시큼한 냄새를 풍긴다. 면의 탄력을 올리거나 수분을 보전하려 넣은 첨가제의 향인 것으로 보인다. 이 면으로 칼국수를 끓이면 어떤 좋은 국물이든 맛을 버린다.

메밀을 어떻게 다루는가가 기술이다

냉면이란 쇠고기국물이나 동치미국물 등에 메밀 면을 말아 먹는 음식이다. 평양식이 크게 번져 흔히 평양냉면이라 한다.

냉면 마니아들은 말한다. "메밀 함량이 높아야 하고 말이야, 슴슴한 고기국물이 목걸림 없이 술술 넘어가야 해. 이 맛을 모르고는 진정한 미식가라고 할 수 없지." 메밀의 분급이 어떻고 전분과의 배합 비율이며 분창의 구멍 크기까지 줄줄 꿰는 이들도 있다. 놀라운 열정이다.

나도 냉면 마니아다. 그런데 이놈의 냉면 맛이, 한집인데도 그때그때 다르다. 특히 메밀 면의 맛은 진했다 연했다 거칠었다 쫄깃했다 도저히 계통이 없다. 그래서 묻고 또 물었다. 그들은 날씨에 따른 재료 배합 비율, 반죽 온도, 주방 온습도 등등을 그 이유로 들었다.

그러나 답은 그런 데 있지 않다. 통메밀과 메밀분말을 한자리에서 맛을 보면 문제가 어디에 있는지 금방 알아차릴 수 있다. 분쇄 방법에 그 원인이 있는 것이다. 메밀은 전분이 주성분이다. 전분은 분쇄할 때 품온이 섭씨 40도 이상 되면 변성을 일으킨다. 변성 메밀분말로는 식감이 떨어지는 탄력 없는 딱딱한 면이 나오고 향도 죽는다. 그런데 국내 대부분의 분쇄기는 기계가 돌아갈 때 섭씨 70도를 넘긴다. 옛날식 맷돌로 갈지 않으면 메밀의 맛과 향을 유지할 수 없는 것이다. 또 메밀은 분쇄 후 공기 속에 노출되면 급속히 질이 떨어진다. 이 '상식'으로 냉면집의 메밀 면 만드는 공정을 살피면 왜 그때그때 맛이 다른지 알게 된다.

일본의 소바 집들 중에는 겉껍데기를 제거한 메밀쌀을 저온에서 저장했다가 손님이 오면 즉석에서 메밀 전용 맷돌로 분쇄하여 면을 뽑는 곳이 많다. 메밀의 향과 질감을 살리기 위해서이다. 냉면을 한식 세계화의 주요 테마로 놓자는 의견들이 있는데, 일본 소바 정도의 정성과 치밀함이 없이는 나서지 말 일이다.

평양냉면과 함흥냉면은 다른 종류의 음식이다

흔히들 냉면이라 하면 평양냉면과 함흥냉면을 아울러 말한다. 내가 보기에 이런 분류는 잘못이다. 이름만 평양'냉면', 함흥'냉면'이지 면의 재료와 양념법, 무엇보다 맛의 중심이 전혀 다른 음식이기 때문이다.

평양냉면은 메밀 면과 육수의 조화를 중시하는 음식이고, 함흥냉면은 감자 면과 고춧가루 양념의 조화를 중심으로 하는 음식이다. 함흥냉면을 평양냉면과 한 부류에 넣자면 일본 냉라면, 중국 냉면, 인천쫄면, 부산밀면 등등도 다 평양냉면과 같은 부류에 넣어야 할 것이다. 또, 평양냉면과 가장 유사한 음식으로 막국수를 들 수 있는데, 평양냉면을 이야기할 때 함흥냉면은 꼭 끼워 넣으면서 이상하게 막국수는 제외하는 버릇들이 있다. 이런 기이한 현상이 벌어지는 것은 음식은 안 보고 '냉면'이라는 이름에만 집착하기 때문이다.

이렇게 분류해야 맞다.

메밀국수 - 평양냉면, 막국수, 소바, 진주냉면
감자국수 - 함흥냉면
밀국수 - 부산밀면

매사에 분별력이 없으면 사물을 제대로 볼 수 없다. 마찬가지로, 음식의 분류를 엉터리로 하면 그 음식 맛의 중심을 찾을 수 없다.

37

만두

소만큼
피의 맛도
중요하다

밀가루 반죽을 얇게 펴 두부, 고기, 김치 등으로 만든 소를 넣고 오므려 찌거나 지지는 음식이다. 중국, 일본에서도 흔히 먹는 음식이며 한국에서는 김치만두와 고기만두를 주로 먹는다.

김치만두의 맛은 김치 맛에 달려 있다. 김치는 적당히 익고 적당한 크기로 잘려 사근사근 씹혀야 한다. 공장에서 만들어져 식당으로 납품되는 김치만두의 김치는 식감이 크게 떨어진다. 김치를 자르고 소를 버무리는 일을 기계로 하여 김치가 뭉개지며 이동과 보관 시간에 김치가 물러지는 까닭이다. 또 이런 공장 김치만두에서는 물기를 뺀 김치를 사용할 수밖에 없는데, 보통의 김치로 소를 만들면 시간이 지남에 따라 물이 나와 질척이기 때문이다. 그래서 그 자리에서 소를 만들고 만두를 빚어 쪄 내는 즉석 김치만두가 맛있는 것이다.

고기만두의 맛도 역시 고기 맛에 달려 있다. 질 떨어지는 돼지고기를 넣으면 후추, 마늘, 부추, 참기름으로도 고기 비린내를 잡을 수 없다. 좋은 돼지고기로는 부추만 더한 소로도 맛있다.

만두에서 피는 소의 맛을 차분히 가라앉히고 식감을 더하는 역할을 한다. 따라서 부드럽고 맛이 튀지 않아야 한다. 피가 종잇장처럼 얇아 단지 소를 싸는 역할만 하는 듯한 만두를 흔히 보게 되는데, 만두를 소 맛만으로 먹자는 것이 아니라면 좋은 조리법이 아니다. 또 피를 얇게 밀자니 전분이 과하게 들어가 따뜻할 때는 쫄깃하고 식었을 때는 뻐득뻐득한 식감을 주어 만두의 제 맛을 느끼지 못하게 한다.

집에서 만두 빚기는 버거운 일이다. 소와 피를 만드는 데만 온종일이 걸린다. 그래서 만두 전문점의 것을 찾게 된다. 김이 모락모락 오르는 찜통의 만두를 볼 때면 입 안에 침이 가득 고이지만 막상 한 점 먹으면 실망하는 게 다반사이다. 소와 피를 공장에서 받아 쓰면서 전문점이라 할 수는 없는 것이다.

38

떡

쌀알이 씹혀야 떡이 부드럽다

떡은 쌀을 물에 불려 빻고 쪄서 만든다. 찐 상태에서 먹으면 시루떡이고 백설기이며, 이를 치대 길쭉하게 만들면 가래떡이고, 다시 떡살로 누르면 절편이다. 찹쌀로 떡을 할 때도 이와 비슷한데 찰기 있는 조직감을 얻기 위해 떡메 치는 과정이 좀 더 길게 추가되기도 한다.

요즘 젊은이들은 떡 맛을 모른다. 진짜 떡을 먹어 본 적이 없기 때문이다. 요즘 떡은 공장에서 가공된 쌀가루로 만든다. 쌀가루의 입도는 높고 분포도는 좁다. 아주 고운 입자라는 뜻이다. 공장에서는 쌀의 전분이 변성되지 않게 습식으로 분쇄한다고 하지만, 고운 입도의 쌀가루를 짧은 시간에 다량으로 생산하다 보니 온도가 올라가고 따라서 전분에 손상이 오기 마련이다. 또 보관과 이동 중에도 손상이 있다. 이렇게 전분이 변성된 고운 쌀가루로 떡을 하게 되면, 백설기와 시루떡은 퍽퍽하고 가래떡과 절편은 단단하며 찹쌀떡은 뻐득뻐득해진다.

물에 불린 쌀을 절구 같은 재래 도구로 빻아 떡을 빚으면 떡에서 쌀알이 씹힌다. 아무리 곱게 빻아도 입자가 고르지 않고 거칠기 때문이다. 이 엉성한 떡 조직이 오히려 떡을 부드럽게 한다. 또 전분의 변성이 없어 질긴 느낌이 없다. 가래떡을 예로 들자면, 공장 쌀가루 떡은 '질긴 쫀득함'이고 절구떡은 '부드럽게 입에서 스스르 녹는 쫄깃함'이다.

공장 쌀가루로 떡을 만들면서 '전통 떡'이라 팔고 있는 장사치들은 간판을 '공장 떡'이라 바꿔 달아야 한다.

떡을 이용한 음식이 아니다

가래떡을 고추장 양념으로 버무려 조린 음식이다. '볶이'라고 이름이 붙었지만 떡을 기름에 볶는 것은 아니다. 기름에 볶은 떡볶이가 있기는 하다. '기름떡볶이'로 불리는 것으로, 1970년대까지 서울에서 흔히 팔렸지만 현재는 효자동 통인시장에만 있다.

떡볶이 맛의 핵심은 쫄깃한 가래떡 식감에 더해진 단맛과 짠맛 그리고 매운맛의 조화에 있다. 떡볶이가 '매운 한국 음식의 대표'로 흔히 분류되는데, 색깔이 고추로 인해 붉기는 하지만 맛에서는 단맛과 짠맛이 매운맛보다 더 확실하게 자기주장을 하는 편이다.

떡볶이의 주요 소스는 고추장이다. 이 고추장에는 설탕이 듬뿍 들어가 있다. 들척지근하게 매운맛을 내는 소스이다. 떡볶이를 조리할 때 이 고추장에 더하여 물엿과 설탕이 다시 왕창 들어간다. 한국 음식에 이만큼 당도를 높이는 것은 강정 같은 한과 말고는 드물 것이다. 이 당도에 맞추려다 보니 소금 간도 센 편이다.

달고 짜고 매운맛만 있으면 맛에 빈 공간이 생긴다. 이 세 가지 맛을 서로 어우러지게 하는 것이 있어야 하는데, 그게 감칠맛이다. 떡볶이 맛을 완성하기 위해서는 멸치나 새우, 버섯 등을 이용해 핵산의 맛을 더해야 한다. 그러나 떡볶이는 저가의 음식이다 보니 감칠맛을 내기 위해 화학조미료에 기댈 수밖에 없다.

떡볶이에서 가래떡 맛은 중요하지 않다. 쫄깃한 식감만 제공하면 그 기능은 끝난다. 그래서, 떡볶이는 '떡을 이용한 음식'이라기보다 '고추장과 설탕을 이용한 음식'이라고 보는 것이 더 맞다.

입천장 가득
고소함이
번진 후 남는
콩 향

콩을 물에 불려 분쇄하여 끓인 후 비지를 제거하고 굳힌 음식이다. 두부 맛은 콩 맛이다. 콩이 맛없으면 어떤 기술로도 맛있는 두부를 쑬 수가 없다. 지방질이 적고 단백질과 탄수화물이 많은 콩이 좋으며, 싱싱한 콩이어야 하는 것은 필수조건이다. 다음은 물이 좋아야 한다. 잡 내 없고 경도가 낮아야 한다. 미네랄이 쓸데없이 많지 않아야 한다는 말이다. 두부의 맛이 옅어 물의 향이 그대로 반영되는 까닭이다.

콩물을 과하게 끓이면 고소한 향은 강해질지 모르나 이 고소함으로 인해 두부의 품격이 떨어진다. 따라서 스팀으로 콩물을 끓여 내는 공장 두부는 하질이라 할 수 있다. 가마솥에 끓이는 것이 가장 좋은데, 거품이 올라올 때 찬물을 끼얹으며 온도를 잘 잡아야 한다.

응고제는 전통적인 간수가 맛있다. 약간의 쌉싸름한 맛이 두부의 고소함을 돋우기 때문이다. 정제된 염화마그네슘은 깨끗한 맛의 두부를 만들기는 하나 어딘지 빈 듯한 맛이다.

두부는 만들자마자 그 자리에서 먹는 것이 가장 맛있다. 식으면서 두부의 진미는 점점 옅어지며 하루 정도 지나면 그냥 단백질 덩어리일 뿐이다. 두부를 물에 담아 포장하여 보름이나 유통하는 공장 두부는 콩물을 스팀으로 끓이는 것까지 생각하면 최하질의 두부라 할 수 있다. 그렇게 해서는 두부 맛이 다 달아나니 해바라기씨유 같은 첨가물을 넣어 가짜의 고소함을 더하는 것이다.

맛있는 두부는, 입 안에 넣었을 때 약간의 콩 비린내가 받으면서 입천장 가득 고소함이 확 번져야 한다. 끝에 남는 것은 콩의 향이어야 한다. 부드러움의 정도는, 두부 조각을 혀 위에 올리고 입천장 쪽으로 밀어 올렸을 때 별 저항감 없이 풀어져야 한다. 또 덩이 진 것이 입 안 여기저기 흩어지지 않아야 한다. 다 삼키고 난 다음에는 혀와 입천장에 이물감이 없어야 한다.

돼지의
피 맛에 달렸다

돼지 작은창자에 선지, 당면, 숙주 등을 밀어 넣고 양 끝을 묶어 쪄 내는 음식이다. 당면 대신에 찹쌀을, 숙주 대신에 양배추 등을 넣기도 하며, 그 내용물의 변용은 다양하다. 그 내용물 중에 꼭 들어가야 하는 것이 선지이다. 선지는 돼지의 피다.

돼지의 피는 돼지 몸에서 빠져나오자마자 변하기 시작한다. 처음엔 비릿한 피 냄새가 나다가 오래 둘수록 쇳내가 심해진다. 철분이 공기 중의 산소와 결합하여 내는 냄새가 아닌가 싶다. 신선한 돼지 피를 익히면 고소하고 달콤한 맛이 난다. 신선도를 잃은 것은 익혀도 쇳내가 심하다. 따라서 순대의 맛은 바로 이 돼지 피의 선도에 의해 결정된다고 봐야 한다.

순수한 선지의 맛을 내는 순대가 많지 않다. 신선한 선지를 구하고 관리하는 일이 버겁기 때문이다. 선지를 살짝 바른 정도의 당면에 각종 첨가물이 들어간 순대가 일반적이다. 이런 순대에서는 돼지의 고소한 피 맛을 느낄 수가 없다.

신선한 돼지 피에 깨끗하게 씻은 돼지 작은창자를 쓴다고 해도, 마늘과 생강, 참기름 등을 더한다고 해도, 돼지의 피와 창자가 가지고 있는 근원적인 비린내를 완전히 제거할 수는 없다. 이 비린내는 모든 동물의 피와 내장에 있는 것이다. 이 냄새는 죽음을 연상케 할 수도 있고 사냥꾼으로서의 인간 본능을 자극할 수도 있다. 순대에 대해 극도의 거부감과 강한 기호도가 동시에 나타나는 이유가 이 때문이 아닌가 한다.

식은 채로
내는 것은
예의가 아니다

당면에 각종 채소류를 함께 볶아 간장과 참기름으로 맛을 더한 면 요리이다. 채소류를 볶으면서 익히니 달고, 여기에 간장으로 간을 하니 짭짜름하며, 참기름이 더해지니 고소하다. 당면의 매끈하고 쫄깃한 식감까지 보태지니 맛있다 하지 않을 수 없다.

그러나 잡채는 조리하여 막 내었을 때 그 맛인 것이지 식으면 급격하게 얼굴을 바꾼다. 당면은 뻣덩거리고 각종 채소는 풀이 죽고 단맛도 준다. 이를 살린답시고 데우면 더 가관의 얼굴을 하게 된다. 당면은 표면이 거칠어지고 툭툭 끊어져 입 안에서 빙빙 돈다. 풀이 죽었던 채소는 아예 뭉개져 서로 들러붙어 떨어지려고도 하지 않는다.

한정식집이나 한식 뷔페 등에서는 잡채가 없으면 서운해 보이는지 어떻게든 잡채를 올리려고 한다. 정 그렇게 올리고 싶다면 손님이 갓 만든 잡채를 먹을 수 있게끔 해야 할 것이다. 그렇지 않으면 상에서 빼는 게 손님에 대한 예의이다.

콩나물무침

그
고소하고
달콤했던
콩나물은
어디로 갔나

밥상에서 가장 흔히 대하는 음식 중 하나이다. 그러니 콩나물무침은 아무나 할 수 있는, 아무나 해도 맛이 나는, 쉬운 음식으로 여긴다. 그러나 밥상을 물리고 난 다음 콩나물무침을 보면 젓가락도 대지 않은 경우가 허다하다. 아무나 하는 음식이지만 아무렇게나 해서는 맛이 나지 않는 음식이 콩나물무침이다.

찜용으로 쓰는 통통하고 기다란 콩나물은 시각적으로도 좋지 않고 아무리 잘 데쳐도 서걱서걱하는 거친 식감이 든다. 그렇다고 꼬불꼬불 작게 키운 콩나물도 맛이 있는 것은 아니다. 요즘 시장에서는 꼬부랑 콩나물이 대세인데, 어딘지 '자연'스러워 보여 건강에 좋을 것 같은 느낌을 주기 때문이다. 그러나 실상은, 콩나물 공장에서 꼬부랑 콩나물을 키우기 위해 며칠 자란 콩나물 통을 뒤집어놓을 뿐이다. 다듬기 번거롭고 모양새도 별로 나지 않는 꼬부랑 콩나물로 '자연' 마케팅을 하는 업체들의 잔머리가 놀라울 뿐이다.

콩나물무침의 맛 요소는 줄기의 아삭 씹히는 맛, 콩대가리의 고소한 맛, 짭짜름한 소금 간 맛 뒤에 우러나오는 달콤한 맛이라 할 수 있다. 이 맛을 내기 위해서는 잘 데쳐야 한다. 데치기, 이게 콩나물 요리의 알파이며 오메가이다. 콩 비린내를 없애기 위해 콩나물은 찬물에 넣고 불을 올린 후 뚜껑을 열지 말아야 한다고들 예전에 배웠으나, 내가 해 보기로는 팔팔 끓는 물에 소금 조금 넣고 뚜껑 연 채로 데치는 것이 더 낫다. 비린내를 다 잡자면 데칠

때 마늘 조금 넣으면 되는데, 이러면 단맛까지 더해진다.

그런데, 온 정신을 집중해 콩나물을 데치고 몇 년 묵은 청장에 국산 참기름을 더해도, 맛에 예민한 사람들은 예전의 그 콩나물 맛이 나지 않는다고 타박한다. 까닭이 있다. 콩은 예전 그 콩이라 해도 콩나물 생산 방식이 바뀌어 맛이 달라진 것이다.

옛날 집에서나 조그만 콩나물 공장에서는 콩나물시루 위로 물을 부으면 콩나물이 '먹고' 난 후 그 아래 물받이 통으로 내려온다. 이 물을 다시 콩나물에 부었다. 그런데 요즘 콩나물 공장에서는 콩나물시루가 쫙 깔려 있고 그 위로 안개 같은 물이 분사되는 자동기계가 왔다 갔다 한다. 그러니까 계속 새로운 물이 콩나물에 공급되는 것이다. 이런 물주기 방식에 따른 맛 차이는 의외로 크다. 콩나물이 자라면서 내놓는 물에 여러 영양과 맛 요소가 함유되어 있는 까닭이다.

맛있는 콩나물 먹자면 콩나물을 직접 키워야 하는 세상이다.

가난한
양념이
깊은 맛을 낸다

배추를 소금에 절인 후 젓갈과 고춧가루 등을 배합한 양념으로 버무린 김치이다. 배추김치 맛의 핵심은 개운한 산미이다. 배추의 조직이 반투명하게 살아 아삭하게 씹히면서 산뜻하게 신맛을 코로 올려야 제대로 된 배추김치이다. 이런 배추김치를 만들기 위한 첫째 조건은 양념을 최소화하는 것이다. 조금의 젓갈, 조금의 고춧가루, 조금의 마늘, 조금의 무채, 조금의……. 절임배추에 유산균이 잘 퍼져 맛있게 발효될 수 있을 정도의 양념이면 된다. 과다한 양념은 오히려 잡균들의 먹이로 작용해 쉬 물러지고 잡 내를 낼 뿐이다.

옛날 우리 배추김치들은 가벼운 양념에 물이 축축하게 있고 개운한 산미가 잘 살아 있었다. 살림이 넉넉하지 못하니 양념을 충분히 넣지 못한 덕이다. 그러던 것이 1980년대 후반을 넘기면서 양념 범벅의 배추김치로 변해 갔다. 살림이 나아지면서 김치에 양념을 잔뜩 넣어야 잘사는 집 모양이 난다고 여긴 순진한 아낙들의 마음이 투영된 결과로도 보이고, 궁중요리입네 반가요리입네 하고 텔레비전에 나와 갓 해서 먹어야 하는 보쌈김치 수준으로 온갖 양념을 범벅해 담그는 것을 자주 보여 준 탓으로도 읽힌다.

여기에 공장 배추김치도 한몫을 했다. 시각적으로 풍성하게 보여야 소비자의 눈길을 끄는 까닭에 배추보다 그를 싸고 있는 양념이 더 많아 보일 정도의 배추김치를 담가 판다. 물이 있으면 소비자들이 배추김치 양이 적다 투정할까 싶었는지 물기 하나 없는 퍽퍽한 배추김치를 담아낸다. 이런 배추김치는 갓 담갔을 때나 맛있지 익힐수록 맛은 점점 떨어진다.

식당에서 보면, 제일 많이 남기는 반찬이 김치이다. 흔해서? 아니다. 맛없어서 안 먹는 것이다. 배추김치 하나 제대로 담그지 못하면서, 아니 요즘 배추김치야 공장에서 다 사 오니까, 맛있는 배추김치 하나 고르지 못하면서 어떻게들 한국 음식 장사들을 하는지 참 놀라울 때가 한두 번 아니다.

토종 적색갓이
아니고서는
맛이 약하다

갓으로 담근 김치이다. 갓은 특유의 향과 매운맛이 나는 푸성귀이다. 갓의 씨앗은 겨자이다. 서양에서는 머스터드mustard라 불리며 향신료로 쓰인다.

우리 땅에서 자생하는 갓은 적색갓이다. 산과 들에 흔히 볼 수 있다. 이 갓은 특유의 향과 매운맛이 강하다. 김치를 담그면 한 이레는 삭혀야 먹을 수 있을 정도이다. 경상남도 일부 지역에서는 이 적색갓으로 물김치를 담가 먹었다. 열무김치 비슷하게 마늘, 생강, 파, 풋고추 그리고 때에 따라 무를 비져 넣고 담그면 갓에서 보라색 물이 나와 때깔 예쁜 물김치가 된다. 적색갓을 배추김칫소로 넣기도 하는데, 이때는 보기에 좋지가 않다. 갓의 보라색 물이 배추에 배어들어 퍼렇게 멍이 든 듯이 보이기 때문이다.

시장에서 흔히 보는 갓은 김치갓과 청색갓이다. 적색갓보다 향과 매운맛이 한참 떨어진다. 갓이라는 식물의 특성이 발현되지 않은 '얼치기' 채소로 느껴질 정도이다. 그러나 이들 갓은 김치를 담근 후 곧장 먹을 수 있어 매운맛을 싫어하고 신선한 채소 맛을 즐기는 요즘 세대의 입맛에는 오히려 맞는 듯하다.

전남 여수 돌산의 갓김치는 일본에서 들여온 청색갓 품종 중의 하나로 담근 것이다. 옛날에는 돌산에서도 적색갓으로 김치를 담가 먹었다. 늦가을에 갓을 소금에 절여 독에 담아 두었다가 봄에 꺼내면 누렇게 변해 있는데, 이를 그냥 먹기도 하고 젓갈과 고춧가루, 마늘, 생강, 파 등등으로 양념을 해서 먹기도 했다. 소금

절임으로 매운맛을 죽여 김치를 담가 먹었던 것이다.

적색갓김치는 팍 삭아야 제 맛이 난다. 짜릿한 발효의 향에 톡 쏘는 매운맛이 겹쳐져 한국 김치로서는 가장 강력한 맛을 낸다. 홍어삼합은 홍어, 돼지고기, 김치를 말하는데 그 김치로 적색갓김치가 있어야 진정한 의미의 홍어삼합이 된다.

전남 일부 지방에서 토종 적색갓김치의 제품화를 시도하고 있다. 일본 품종의 개성 없는 갓김치의 대안으로, 아니 원래의 갓김치 맛을 되살린다는 의미에서 적색갓김치가 시장을 크게 넓혔으면 하는 바람이다.

동남아 채소로
오해받는
우리 채소

먹을 수 있는 모든 식물은 약성을 지니고 있다. 그 약성이 좀 강하고 특정한 질병에 들면 약재로 분류되고 또 그렇게 사용된다. 이 약용 식물에 대한 분류와 사용은 동서양이 똑같다. 단지 이를 약초, 한약재, 허브, 스파이스 등으로 달리 부를 뿐이다.

이런 약용 식물 중에 동서양이 공히 귀히 여기고 대표적으로 흔히 먹는 것이 고수이다. 그런데 우리나라 사람들은 이를 꺼린다. 왜 이런 거부 현상이 생겼는지 이해가 잘 되지 않는다.

고수의 약재명은 호유실, 빈대풀이다. 서양에서는 코리앤더 coriander라고 한다. 빈대를 뜻하는 그리스어의 코리스koris와 좋은 향기가 나는 식물 이름인 아니스anise를 합친 것이라 한다. 잎에서 빈대 냄새가 나는지는 빈대를 본 적도 없기 때문에 잘 모르겠다. 약간의 비릿한 향이 있는데 이게 오히려 후각을 자극해 곁들이는 음식을 더 맛있게도 한다. 중화권에서는 음식에 이 고수가 꼭 들어간다. 한자로 香菜라고 쓰고 시앙차이라 읽는다. 향기 나는 풀인 것이다.

한국인의 입맛은 보수적이다. 외래의 것이라 하면 일단 거부감부터 드러낸다. 5,000년 동안 한반도에 갇혀 살아오면서 고착화된 나쁜 습성이다. 또 고수가 애초 동남아시아 음식에 흔히 쓰는 채소로 잘못 알려지면서 그들 민족을 낮추어 보는 못된 눈이 이 채소에도 관통하는 것이 아닌가 싶다.

고수에 대한 가장 큰 오해는 고수가 외래에서 온 것이라 착각하고 있는 것이다. 고수는 오래 전부터 우리 땅에서 재배하였던 푸성귀이다. 특히 남도의 시골을 다니다 보면 이 고수를 겉절이로 내는 곳을 흔히 보게 된다. 한국이 산업화하면서 농촌에 있던 옛 것들을 잊고 살다가 이제는 착각까지 하고 있는 것이 아닌가 싶다.

고수는 독특한 향을 내는 맛있는 푸성귀이다. 고기 요리에 더 없이 잘 어울린다. 이를 거부하는 것은 한국 음식에서 귀중한 맛 하나를 잃는 것이다.

밭에서
찌는 게
가장 맛있다

　　쪄서 먹는 옥수수를 풋옥수수라고 한다. 아직 덜 익은 옥수수
란 뜻이다. 다 익은 옥수수는 알맹이가 단단해져 푹 쪄도 씹을 수
가 없다.

　　풋옥수수는 크게 단옥수수와 찰옥수수로 나뉜다. 단옥수수
는 당도가 높고 찰옥수수는 찰기가 있는 옥수수이다. 단옥수수

를 개량하여 당도를 더 높인 옥수수를 초당옥수수라고 부른다. 설탕을 친 듯이 달콤하고 씹을 때 알갱이가 쉬 뭉개지는 것이 단옥수수와 초당옥수수이고, 알갱이가 단단하여 씹을 때 자루에서 알갱이 모양 그대로 쏙쏙 빠지는 것이 찰옥수수이다.

옥수수는 전분이 주성분이다. 이 전분의 구조에 따라 찰옥수수와 메옥수수(단옥수수, 초당옥수수)로 나뉜다. 이 전분이 아밀로펙틴 100%이면 찰옥수수이고, 70% 정도면 메옥수수이다.

풋옥수수 상태에서는 알갱이에 당을 듬뿍 지니고 있다. 옥수수를 딴 후 시간이 지남에 따라 이 당이 급격히 전분으로 변한다. 즉 단맛이 사라지고 단단해지며 향도 죽어 간다. 따라서 옥수수 맛을 가장 잘 즐길 수 있는 방법은 밭에서 따자마자 찌는 것이다. 그래서 국도변 옥수수가 맛있다. 이게 불가능하다면 이미 딴 풋옥수수는 냉장 보관을 하고, 그래도 24시간을 넘기지 않는 게 좋다. 이미 찐 것은 랩에 돌돌 말아 공기가 안 통하게 하고는 냉동하였다가 데우면 갓 찐 옥수수와 맛이 같다.

풋옥수수를 찔 때 설탕 등 단맛을 더하면 향이 죽는다. 소금은 단맛을 강화하고 향도 살린다.

보기 좋은 것
좋다
싱거운 사과만
먹는다

사과는 단맛에 적절한 신맛이 어우러져야 한다. 당도가 너무 높은 사과에서는 향을 느낄 수 없다. 그 사과에 향이 없는 것이 아니라 단맛이 너무 강해서 다른 맛을 느낄 여유가 없는 것이다. 인간이 음식을 입에 넣고 느낄 수 있는 미각 범위는 그다지 넓지 못한 까닭이다.

국내 사과 품종은 거의가 후지富士이다. 저장성이 좋기 때문이다. 후지는 알이 크고 단단하며 단맛이 강하다. 최근에 나오는 새로운 품종들도 대부분 후지를 모체로 하고 있다. 특히 후지 계열인 조생종 료카가 시장을 넓히고 있는데 '다소 가벼운 후지의 맛'을 내고 있다. 당분간 후지 계열의 사과를 이길 품종은 없을 것으로 보인다.

사과의 신맛을 제대로 즐길 수 있는 품종은 홍옥이다. 선명한 붉은색과 짙은 향에서는 어떤 품종도 따를 수 없다. 그러나 작고 신맛이 강하다는 이유로 인기가 시들해 요즘은 보기 어렵다.

요즘 사과는 싱겁다. 대부분 봉지를 씌워 재배하는 까닭이다. 봉지를 씌우면 옅은 붉은색이 고루 번져 맛깔스럽게 보인다. 이런 봉지 사과는 신맛이 덜하고 당도가 높으며 조직감이 부드럽다. 봉지를 씌우지 않으면 조직은 단단해지고 향도 깊어진다. 그러나 붉은색이 너무 짙어 소비자들은 맛없다 여긴다. 봉지 씌우지 않은 사과 맛을 보고 나면 봉지 사과는 싱겁다 할 것이다. 보기 좋은 것, 단맛 강한 것 좋다가 진정한 사과 맛을 잊고 사는 것이다.

맥주 상한 냄새와 고구마 썩은 냄새

국내에서 재배되는 품종은 적포도인 캠벨, 거봉, 델라웨어와 청포도인 청수, 힘로드 등이다. 요즘은 비가림 재배를 흔히 한다. 비를 가리면 포도가 수분 흡수를 덜하게 되므로 당도가 올라간다. 향까지 좋아지는 것은 아니다.

포도는 크게 생식용과 포도주용으로 나눈다. 국내 포도 중 포도주용으로 재배되는 포도는 많지 않다. 국내 생식용 포도는 대부분 캠벨이다. 달콤하면서 시큼한 향이 있다. 이 향을 영어권 국가에서는 'foxy'라고 표현한다. 이를 국내에서는 여우 향, 호취향이라고 번역하고 있는데, 바르지 않다. 맥주 상한 냄새를 'foxy'라 하며 실제로 이 냄새가 난다. 미국계 포도에서는 거의가 이 향이 난다. 캠벨은 당도가 높지 않고 껍질도 두꺼워 맛있는 품종에 들지 못한다. 그럼에도 캠벨이 우리 땅에 크게 번진 것은 유럽종과 달리 겨울의 혹한과 여름의 혹서를 잘 견디며 단위면적당 수확량도 많기 때문이다. 그 다음으로 흔한 것이 거봉이다. 일본 품종이며 무척 달고 탐스럽게 보여 시각적으로는 만족감을 주지만 향은 적다.

유럽에서 온 품종 중에는 머스캣이 향이 가장 뛰어나다. 유럽에서는 포도주용으로 흔히 쓰는 품종이다. 머스캣 향은 서양 요리에서 퍽 중요하게 여기는 향인데, 프랑스 레스토랑 같은 데에서 '뮤스카 향의 어쩌구' 하는 요리 설명이 있으면 이 머스캣 포도의 향이라 여기면 된다. 머스캣 향을 굳이 설명하자면, 고구마 썩은 냄새가 난다 싶으면 머스캣이라 여기면 거의 맞다.

당분간 한국에서 유럽종의 포도가 크게 번질 것 같지는 않다. 당도 중심의 과일 소비 성향이 굳어져 있기 때문이다. 향을 얻으려면 단맛을 버려야 하는데, 이게 한국인들에게 쉽지 않다.

자연 건조한
것이라야
고운 향이 난다

떫은 감을 깎아 말린 것이다. 단감으로는 곶감을 만들지 않는다. 감을 말리는 동안 떫은맛을 내는 타닌이 불활성화되고 단맛도 강해진다. 수분이 달아나면서 단맛이 농축되는 것이다. 감 상태에서는 당도가 20브릭스Brix 정도인데 곶감으로 완성되면 50~60브릭스에까지 이른다. 곶감 표면에 하얗게 이는 분은 포도당과 과당이 넘쳐 밖으로 삐져나온 것이다. 곶감을 손으로 주무르면 분이 더 많이 일게 되는데, 옛날에는 이 분을 따로 모아 단맛을 내는 조미료로 썼다.

곶감은 감 종류와 지역 여건에 따라 30~70일의 건조 기간이 필요하다. 수분 35% 정도의 곶감을 얻기 위한 기간이다. 최근에 유행하는 반건시는 40일 정도의 건조 기간을 거친다. 반건시의 수분 함량은 45~50%에 이른다.

맛있는 곶감은 살이 투명하다. 껍질 바로 아래는 연한 색이고 씨앗이 있는 속은 약간 짙은 색을 띤다. 속살이 조청처럼 부드럽게 입 안에서 풀려야 좋은 곶감이다. 또 껍질이 얇아 이물감이 없어야 한다.

최근에 열풍기로 건조한 곶감이 나오고 있다. 건조 기간이 짧고 때깔도 쉽게 조절할 수 있다. 감을 얇게 삐쳐 만든 감말랭이도 기계로 건조한 것이 대부분이다. 이런 기계 건조 곶감은 당도만 높을 뿐 곶감 고유의 향이 없다. 특히 자연에서 건조한 곶감에서 나는 발효의 향이 전혀 없다. 단감을 삐쳐서 전자레인지에 말려 먹어도 이 맛이 나지 않을까 싶다.

바람으로 온다

봄은 바람으로 온다. 여린 바람이 산과 들을 쓰다듬으면서 풀과 싹을 키운다. 바람에는 물 내가 나는데, 자연에서 원래 있던 것이 아니라 우주의 어느 먼 곳에서 새로이 생성된 듯한 신선한 물 내이다. 이 덕에 몸은 새롭고 싶어진다.

봄의 바람은 가볍게 달콤하다. 입 안에 아주 조금의 침을 발생시키면서 온몸의 감각을 슬쩍 돋운다. 이 바람 안에서 발생하는 식욕은 작다. 몸이 느끼니 미각은 참는 것이다. 그래서 봄은 평온해진다. 만물이 생동하니 오히려 인간은 침잠하는 시간이다.

매화 만발한
바닷가 언덕으로
나를
데려다주었다

내가 들은 임지호의 요리 철학이다.

"맛에는 순수한 맛과 변형된 맛이 있습니다. 제가 추구하는 요리는 자연을 다치지 않고, 그 재료의 원초적인 맛을 그대로 먹는 사람에게 전달하는 것입니다. 그것이 순수한 맛입니다. 순수한 맛은 순수한 마음과 통합니다. 음식을 만들고 먹는 것은 정신적인 행위입니다. 마음을 열고 풀잎을 보면 풀잎과 제가 일체를 이루게 됩니다. 저와 일체가 된 풀잎을 무념무상의 지경에서 요리합니다. 그러면 이 음식을 먹는 사람도 이 음식과 일체가 되고…… 즉, 요리사―요리―손님이 일체가 되는 겁니다. 사람을 보면 느낌이란 것이 있지요. 음식에도 이런 느낌이란 게 있습니다. 음식을 제대로 먹으면 그 음식이 진실인지 거짓인지 알 수 있지요."

어느 해 초여름 그의 식당에서 밥을 먹고 차를 나누었다. 매화차였다. "지난 이른 봄에 남쪽 바다를 갔어요. 언덕에 보니 매화가 만발하였더군요. 바닷가 바로 옆 언덕의 매화라 그냥 지나칠 수가 없었습니다. 저걸 따서 매화차를 만들면! 그래서 그곳에서 하룻밤을 잤지요. 매화가 향을 잘 간직하게 하려면 해가 뜨기 전에 따야 하거든요. 다음날 새벽 매화 밭은 해무가 잔뜩 끼었더랬습니다. 그 해무 머금은 매화를 따서 방안 구들 위에 올렸지요. 천천히 물기만 살짝 날려야 하니까요. 그렇게 만든 차입니다."

천보자기를 풀자 그 안에서 한지가 나왔고 그 한지 안에는 옅은 홍색의 매화 몇 잎이 담겨 있었다. 많아 보았자 열댓 잔 나올 듯한 양이었다. 새벽 해무를 헤집으며 매화 꽃잎을 조심스레, 그 것도 아주 조금, 욕심내지 않고, 자연이 하는 것처럼 아주 조금 따 는 그의 모습이 눈앞에 그려졌다. 그의 매화차에는 남녘 먼 바다 의 향이 오롯이 담겨 있었고, 나는 그가 음식으로 무엇을 전하려 고 하는지 알 수 있었다.

그의 매화차는 어느 봄날 매화 만발한 바닷가 언덕으로 나를 데려다주었다. 그 언덕에 그와 내가 함께 있었다.

바닷가
소나무 숲
그늘의 향기

4월부터 6월 사이 새로 돋아나는 솔잎을 따 꿀이나 설탕에 재워 발효시킨 차를 솔차, 솔잎차, 솔바람차라 한다. 한때 인사동 전통찻집의 주요 메뉴였는데 요즘은 잘 보이지 않는다. 오래 숙성한 솔차는 알코올 발효가 일어나 약간의 신맛과 함께 술기운을 느낄 수 있다.

솔차의 제 맛을 보려면 토종 소나무 잎을 써야 하는데, 잎이 두 개씩 붙어 있는 것이 토종이고 세 개씩 붙은 것은 외래종이다. 다섯 개씩 붙은 토종 오엽송도 있는데 이를 솔차로 쓴다는 말은 들어 보지 못했다. 봄에 솔차를 담그는 것은 잎에 수분이 많아 넉넉한 양을 얻을 수 있기 때문이다. 강렬한 솔의 향을 얻으려면 가을에 담그는 것이 낫다.

솔차 만드는 법을 배운 적이 있다. 솔잎을 물로 깨끗이 씻어 한두 시간 그냥 두어 물기를 뺀 후, 7센티미터 정도 되게 썰어 흑설탕과 솔잎을 배합한 뒤, 꿀을 밀랍째 섞어 용기에 담고 7일 간격으로 내용물을 상하로 뒤섞어 주며 3개월간 숙성시킨다. 마실 때는 다섯 배 되는 물에 희석한다.

우리 차 중에 청량감을 주기로는 솔차만 한 게 없다. 솔차를 솔바람차라고도 이르는 것은 솔 향이 머릿속으로 맑은 바람을 일게 하는 까닭이다. 바닷가 소나무 숲 그늘에 앉아서 맞는 그 바람이다.

근래에 솔차를 만난 적이 별로 없다. 세상이 각박해져 바람을 느낄 여유가 없다는 뜻일 게다.

신맛, 쓴맛,
단맛의
밸런스이다

커피나무의 열매에서 과육과 속껍질을 제거하여 얻은 씨앗을 볶은 후 분쇄하여 물에 우린 차이다. 커피의 산지와 품종, 볶는 온도와 시간, 분쇄 알갱이의 크기, 우리는 도구, 우리는 물의 온도와 시간 등에 따라 맛의 차이가 난다. 커피 맛에 영향을 미치는 요소가 다양하여 그 맛도 다양하다.

그러나 그 맛의 범위를 좁혀 보면 신맛, 단맛, 쓴맛 이 세 가지 맛의 배합에 기댈 뿐이다. 그 외 커피의 산지와 품종에 따라 여러 향이 나는데, 신맛, 단맛, 쓴맛의 배합으로 이루어지는 맛이 그 처음이고 그 여러 향들은 이 세 가지 맛의 배합에 '양념' 정도의 역할을 할 뿐이다.

커피 맛의 중심은 쓴맛이다. 강배전했을 때 쓴맛이 강하게 느껴지는 것은 쓴맛의 성분이 늘어난 탓도 있지만 전체적으로는 신맛이 달아나기 때문인 것으로 보인다. 단맛도 배전이 강할수록 강해지는데 이 역시 신맛이 줄어들어 그렇게 느껴질 수도 있다. 그러니 배전의 강도를 높이면서 신맛까지 붙잡으면 신맛, 단맛, 쓴맛이 좀 더 복잡하게 배합을 이룰 수 있다.

에스프레소는 커피가 가지고 있는 쓴맛을 극단에까지 이르게 한다. 여기에 여러 부재료를 첨가하여 맛을 낼 수 있다는 장점이 있지만 커피 자체의 맛을 즐기기에는 부족함이 있다. 핸드드립은 커피가 가지고 있는 맛을 가장 잘 배합할 수 있는 방법이다. 분쇄된 커피의 성질에 따라 드립하는 방식을 달리하여야 하는데, 신맛을 잘 우려내어 단맛, 쓴맛과 어울리게 하는 것이 중요하다. 커피마다 똑같은 드립 방식으로 내리면 안 된다는 말이다.

커피가 뜨거울 때는 맛 성분의 활동이 심하여 신맛, 단맛, 쓴맛의 밸런스를 짐작하기 어렵다. 커피가 식었을 때에야 그 커피의 맨얼굴을 대할 수 있다. 또 이때면 썩은 원두 냄새, 커피의 탄내, 금속성의 속껍질 냄새까지 맡을 수 있다. 프랜차이즈 업체의 커피가 강배전으로 쓴맛만 내는 것은 커피가 식었을 때에조차 그 잡내들을 숨기기 위한 것이다.

커피 맛이 다양하다고 해서 신비한 그 무엇이 있는 양 환상을 불어넣는 것은 장사꾼들의 술책이다. 커피에 대해 문화적 시각을 가지는 것은 좋으나 서구 문화를 무조건 추종하는 식민지 근성이 가동되고 있는 것은 아닌지 살필 일이다.

라이스와인이 아니다

쌀을 쪄서 누룩을 더해 알코올 발효를 하여 얻는 술이다. 따라서 좋은 막걸리를 얻기 위해서는 쌀이 좋아야 하고 누룩이 좋아야 하며, 또 하나 물이 좋아야 한다. 술 담그는 기술은 그 다음의 일이다. 시판 막걸리는 밀을 쓰기도 하지만 쌀이 전통이다.

쌀은 당질, 단백질, 지질 그리고 수분으로 이루어져 있다. 쌀의 당질은 주로 녹말인데 이게 알코올 발효의 원료이다. 단백질과 지질은 술 맛에 나쁜 영향을 미친다. 잡 내를 낸다.

옛날 술 잘 담그는 집에서는 고두밥을 짓고 나서 이를 물에 헹구어 말렸다. 단백질과 지질을 없애기 위한 것이다. 일본에서는 쌀술을 담글 때 쌀의 겉을 왕창 깎아 버린다. 이도 단백질과 지질을 없애기 위한 것이다.

누룩은 밀을 갈아 물에 반죽하여 띄운 것이다. 집집이 장맛이 다르듯이 막걸리 맛이 다른 것은 이 누룩에 있는 곰팡이가 여러 종류이고 이 곰팡이가 집집이 다 다르기 때문이다. 요즘 대부분의 막걸리 공장에서는 이 누룩을 만들지 않고 누룩 전문공장에서 내는 것을 받아다 쓴다. 그래서 막걸리 맛에 개성이 없다.

물은 미네랄이 없고 경도가 낮은 것이 술 맛을 잘 낸다. 옛날부터 술 맛있는 동네로 소문난 곳은 다 물이 좋다.

막걸리 맛의 중심은 쌀이 지니고 있는 구수한 향과 약간의 단맛, 누룩 발효에 의한 시큼함 그리고 톡 쏘는 탄산가스의 조화로움에 있다. 좋은 막걸리는 냄새에서 들척함과 시큼함이 잘 조화를 이룬다. 최상의 막걸리에서는 사과 향이 난다. 첫입에는 시큼함이 받고 이어 은근한 단맛이 입 안 가득 번지지만 마지막에는 시큼함이 침샘을 자극하면서 귀밑을 저리게 한다. 여기에 탄산가스의 화사함이 없으면 단맛과 신맛은 부적절한 조합을 이룰 뿐이다. 와인과 달리 떫은맛이 거의 없다. 그래서 도토리묵이 막걸리와 조화를 이루는 것인지도 모른다.

탄산가스는 막걸리가 충분히 발효되었을 때 많이 생긴다. 공장의 막걸리들은 이 탄산가스가 부족하다. 충분히 발효시키지 않고 출고하기 때문이다. 막걸리의 대부분이 상온 유통을 하니 탄산가스로 인해 병이 터질까 봐 그러는 것이다. 이런 공장 막걸리는 상온에 하루 정도 둬서 병이 부풀어 올랐을 때 냉장했다가 마시면 탄산가스 맛을 얻을 수 있다.

막걸리는 와인과 맛의 중심이 전혀 다른 술이다. 막걸리 세계화한다고 와인 소믈리에에게 막걸리를 감별케 하는 것은 어색해 보인다. 좋은 막걸리 맛은 시골 할아버지들이 더 잘 알 수 있다. 와인 잔에 막걸리를 따라 마시는 것도 맞지 않다. 막걸리가 마르면서 잔에 남기는 얼룩은 흉하다. 백자가 맞다.

무엇이
순한 소주를
불러냈을까

희석식 소주는 우리가 마시는 보통의 소주이다. 타피오카를 원료로 주정을 만들고 여기에 물을 타서 낸다. 역한 냄새를 줄이기 위해 감미료를 넣는다. 한때 화학조미료가 들어가기도 했는데, 근래 웰빙 바람이 불면서 이를 뺐다.

소주는 그 독특한 향으로 인하여 양념 맛이 강한 음식과 어울린다. 삼겹살구이쌈이나 매운탕같이 마늘, 된장, 고춧가루 등등이 들어간 음식에는 소주가 그런대로 어울리지만 일본식 회나 수육 같은 심심한 음식에는 소주가 어울리지 않는다.

2000년대 들어 소주가 변했다. 도수를 내리고 쓴맛도 줄였다. 청주의 부드러움은 없지만 나름대로 깨끗한 뒷맛은 있다. 술은 단독으로 존재하는 것이 아니라 반드시 그에 어울리는 음식이 있기 마련이다. 근래 들어 순한 소주가 강세인 것은 한국 음식에 뭔가 변화가 생겼다는 징조인데, 일본식 선술집이 번창하는 것에 주목할 필요가 있을 것이다.

좋은 술은 깨끗하게 넘어가고 뒷맛이 깔끔해야 한다. 도수 낮은 희석식 소주가 그렇기는 한데, 이는 첨가제를 넣어 얻어 낸 맛일 뿐이다. 좋은 술은 술기운이 단전에서부터 스멀스멀 올라와 좀처럼 머리까지 치지는 않아야 한다. 희석식 소주는 머리부터 친다. 첨가물로 인해 이게 더 심할 수도 있다.

발효공학
공부할 것 아니면
그냥 즐겨라

포도를 으깨어 발효시킨 술이다. 포도가 지니고 있는 단맛과 신맛, 떫은맛에 여러 향이 더해져 있다. 좋은 와인이란 이 맛의 요소들이 적절하게 밸런스를 이루며 향이 풍성해야 한다. 어떤 음식과 어울리는가도 중요한데, 대체로 짜고 매운 한국 음식과는 궁합이 맞지 않다. 시고 떫은 맛이 짜고 매운 맛과 부딪쳐 역겹게 느껴질 때도 있다. 와인은 유럽 음식과 맞다. 우리 음식과 궁합 맞추기 하는 일은 와인 팔아먹을 일이 있는 사람들의 장난일 뿐이다.

와인은 포도의 맛에 발효의 맛이 더해진 것이다. 따라서 와인의 맛이 꼭 포도의 맛에 기원하는 것은 아니다. 좋은 포도가 좋은 와인을 만들지 않을 수도 있는 것이다. 포도를 발효시키는 효모에 따라 맛은 여러 갈래로 나뉘며 이 효모는 포도농장에 따라 다 다르다.

한국에서 프랑스의 포도 품종을 가져와 재배해도 프랑스의 와인 맛이 나지 않는 이유도 '테루아'에만 있지 않은 것이다. 누룩에 따라 청주나 막걸리 맛이 달라지는 것과 마찬가지라고 보면 된다. 발효 식품들은 거개가 이러하다. 따라서 와인은 발효공학을 취미로 삼지 않는 한 일반인들이 공부할 것도 아니며 공부할 여건도 안 된다. 즐기면 그만이다.

눈물

사랑하면 이것도 달다

사람의 눈에서 나오는 짠물이다. 찝찌름한 맛을 내지만 바닷물처럼 무겁지는 않다. 슬플 때의 눈물과 기쁠 때의 눈물이 다르게 느껴지는 것은 기분 탓일 게다. 중세 유럽의 마녀들이 마법의 약을 만들 때 이 눈물을 기본으로 넣는다. 인간의 몸에서 나오는 분비물은 많을 것인데 굳이 눈물을 선택한 이유는 이 눈물 안에 인간의 감성이 녹아 있다고 본 때문일 것이다.

내 눈에서 나오는 눈물은 찝찌름할 뿐인데 사랑하는 사람의 눈에서 나오는 눈물은 달콤하게 느껴질 수도 있다. 그 사람의 사랑이 녹아 있다고 여기면 왕소금을 탄 물을 흘려도 달 것이다.

죽음의 향내가 난다

여러 향료에서 얻은 비밀의 원료에 캐러멜과 감미료를 타고 탄산가스를 주입한 음료이다. 달콤함과 청량감을 동시에 만족시킨다. 이와 비슷한 음료로 사이다, 환타 등이 있지만 중독성에서는 콜라를 따르지 못한다. 탄산가스를 다 날린 콜라에서는 단맛 외에 씁쓰레한 낙엽 냄새 같은 것이 나는데 숲이 생명을 다하면서 내는 향처럼 느껴진다. 여러 향료에서 얻은 향일 것이다.

　　강한 중독성을 일으키는 음식에서는 대체로 '죽음의 향'이 난다. 인류가 문명을 일으키기 전 백만 년이 넘는 동안 사냥꾼으로 살면서 맡아 온 '죽음의 향'에 무의식적으로 강한 반응을 나타낼 수도 있다. 콜라 안에도 이 '죽음의 향'이 있지 않나 싶다. 그러지 않고서는 전 세계인들을 이렇게 중독시킬 수는 없는 것이다.

역시
라면은
국물 맛이다

인스턴트 라면의 맛은 면보다는 국물에 있다고 봐야 한다. 인스턴트 라면의 발명이 면을 튀겨 건조하는 기술에서 비롯된 것은 사실이지만, 소비자의 입맛을 최종적으로 속이는 일은 소량의 분말로 진한 국물 맛을 내는 기술에 달려 있다.

인스턴트 라면의 국물은 짜다. 고기와 채소의 맛이 나는 극소량의 첨가물이 들어가지만 이로써는 국물이 충분히 맛있게 되지 않는다. 짠맛을 왕창 올리고 그 짠맛의 날카로움을 죽이기 위하여 감칠맛의 첨가물을 더함으로써 밸런스를 맞추고 있는 것이다. 특히 국물이 뜨거울 때 향이 강하게 올라오는 향신료들을 넣음으로써 국물 맛의 빈 부분을 채우고 있다. 뜨거울 때보다 식었을 때 라면 국물이 몇 배나 짜게 느껴지는 게 그 이유이다.

인스턴트 라면 전문점의 라면은 더 짜다. 자신들은 비법의 국물을 낸다고 하지만 그 비법이란 게 궁극적으로는 소금일 뿐이다. 스스로 육수를 만들지 않고서는 현재의 인스턴트 라면에서 맛을 더하는 데는 한계가 있을 수밖에 없기 때문이다.

돼지고기
튀김이지
돼지고기가 든
튀김이 아니다

서양의 포크커틀릿이 일본식으로 변형을 일으킨 것이다. 커틀 릿이란 얇게 저민 고기에 밀가루와 계란, 빵가루를 발라 튀기는 요리를 말한다. 돼지고기를 튀기는 방식은 서양이나 일본이나 같을 것이다. 서양의 고기 요리는 고기 덩어리째 접시에 올리고 이것을 포크와 나이프를 이용해 잘라 먹는다. 그러나 돈가스는 이런 방식을 버렸다. 젓가락으로 고기 덩어리를 집어 먹을 수 있게끔 잘라서 낸다. 여기에 따르는 음식도 수프 대신 일본식 된장국, 빵 대신 밥, 샐러드 대신 채소절임 등이 나온다. 일본 음식으로 바뀐 것이다.

서양의 포크커틀릿이 일본의 돈가스로 바뀌었다고 하는 것은 단순히 음식의 조리법이나 모양새, 먹는 방법 등 겉모양의 변화만을 뜻하는 것이 아니다. '돼지 안심과 등심 튀김 요리'가 외식에서 먹는 특별식에서 평소에 먹는 일상식으로 바뀌었다는 것이고, 이는 일본인들의 머릿속에 '외래'라는 거부감이 사라졌다는 것을 의미한다. 곧, 일본의 '전통' 음식이 하나 늘어난 것이다.

한국식 돈가스는 아직 없다. 기사식당의 돈가스는 국과 밥, 김치 등을 추가했지만 포크와 나이프는 버리지 못했다. 또 돼지고기를 종잇장처럼 얇게 두들겨 튀김옷을 잔뜩 입힌 돈가스는 '돼지고기 튀김'이라기보다는 '돼지고기가 든 튀김'일 뿐이라 돼지고기 음식인지 의아할 때가 많다. 이게 한국식 돈가스로 정착하게 된다면, 식재료상과 식당 주인 입장에서는 행복한 일일 것이나 우리

후세들에게는 참 불행한 일이 될 것이다.

돈가스의 맛을 결정하는 것은 돼지고기와 튀김옷, 튀김용 기름이다. 이 셋이 어떻게 적절히 조합되는가에 따라 맛이 좋고 나쁨이 결정된다. 이 세 가지의 음식 재료를 두고 맛에 끼치는 영향에 따라 비중을 따진다면 돼지고기 60%, 튀김옷 20%, 튀김용 기름 20% 정도 될 것이다. 고기 요리는 무엇보다 고기가 맛있어야 하는 것이다.

연한 육질에 육즙이 풍부한 돼지고기를 향기로운 기름에 바삭하게 튀겨 낸 돈가스는 소스 없이도 충분히 맛있다. 물론 여기에 튀겨 내는 솜씨도 있어야 하는데, 요즘 기계가 좋아 실수를 하는 식당이 거의 없다. 그러니까 맛있는 돈가스란 어떤 돼지고기를 쓰는가가 관건인 셈이다.

돼지고기 맛있는 돈가스 집이 드물다. 냄새나고 질긴 돼지고기로도 튀김옷 입히기 전에 양념 잔뜩 하여 튀기면 그 맛이 감추어진다고 여기는 까닭이다. 안심이든 등심이든 정확히 그 부위만으로 조리되는 돈가스를 만나는 것도 어렵다. 사정이 이러니, 현재로서는 한국식 돈가스의 탄생을 기대하기보다는 '고기 요리'라는 돈가스의 본질에 충실한 돈가스를 자주 맛보았으면 할 뿐이다.

옛날 자장면은 없다

밀과 콩에 황국균을 넣고 띄운 중국식 된장(춘장)을 기름에 볶다가 고기와 각종 채소를 넣고 익힌 후 삶은 면 위에 올려 비벼 먹는 음식이다. 중국 산동에서 유래하였다. 구한말 화교들에 의해 한반도에 소개되었고 현재는 완전히 한국화하였다.

옛날 중국집에서는 춘장을 직접 담가 썼다. 집에서 담근 춘장은 짜고 향이 강하다. 또 밀이 들어가 약간의 떫은맛도 있다. 이 맛을 순하게 하기 위해 기름에 볶아서 썼다. 기름은 돼지기름을 사용했다. 커다란 냄비에 물을 넣고 끓이다가 돼지비계를 넣으면 물은 증발하고 기름만 남는데, 여기에 계속 비계를 더하여 만들었다. 그러니까 옛날 자장면의 맛은 춘장의 큼큼한 향에 고소한 돼지기름이 뒤섞여 내는 것이었다.

요즘 춘장은 공장에서 만든다. '사자표'가 가장 흔하다. 본래 춘장은 2년 정도 발효해야 하나 요즘은 속성으로 낸다. 짧은 발효 기간으로 색깔이 나지 않으니 캐러멜을 넣는다. 맛을 더하기 위해 조미료를 첨가하기도 한다. 기름도 바뀌었다. 동물성 기름이 몸에 나쁘다는 말이 번지면서 식물성 기름이 주로 쓰인다. 이런 사정들로 자장면의 맛은 흐리멍덩해지고 말았다.

춘장은 우리의 된장과 큰 차이가 없는 음식이다. 춘장 공장에서 쓰는 황국균을 된장 공장에서도 쓴다. 우리 된장과 달리 콩 외에 밀이 들어가 단맛과 떫은맛이 난다는 점이 차이인데, 이런 맛은 경상도와 강원도 지방의 막장과 비슷해서 우리 음식 역사에서 전혀 색다른 것은 아니다. 중국 음식 자장면이 한국에서 크게 번창하여 한국화한 것이 전혀 엉뚱한 일이 아니라는 말이다.

요즘 자장면은 너무 달다. 공장 춘장이 충분히 달게 나오는데도 주방에서 또 설탕을 첨가한다. 춘장의 큼큼한 발효 향과 돼지기름의 고소한 맛을 단맛이 가리고 있는 것이다. '옛날 자장면'은 없다.

밥이
중심에
서야 한다

단촛물을 넣고 치댄 밥에 생선이나 각종 해산물, 육류, 채소 등을 얹거나 김 따위로 말아 먹는 음식이다. 스시는 더하는 부재료에 따라 수만 가지가 만들어질 수 있으나 그 수만 가지의 변화에도 기둥처럼 버티고 있는 것은 밥이다. 밥이 스시의 중심인 것이다.

스시의 밥은 밥알이 낱낱으로 살아 있어야 한다. 표면은 매끈하고 약간의 쫀득한 느낌이 들어야 한다. 그렇다고 단단해서는 안 된다. 밥 위에 올리는 부재료의 식감과 어울려야 하기 때문인데, 스시의 부재료들은 대부분 부드럽게 조리되므로 그 조화가 중요한 것이다. 일본의 경우 쌀알이 작은 고시히카리를 주로 쓰지만 한국인의 입맛에도 이 쌀이 맞다고는 할 수 없다. 한국인은 일본인에 비해 씹는 맛을 좋아하므로 쌀알이 약간 크고 아밀로펙틴 함량이 높은 품종이 맞을 수도 있다.

스시의 단촛물은 식초와 설탕, 소금으로 만든다. 미리 만들어진 제품이 판매되고 있지만 일본 수입품이라 하더라도 대부분 화학조미료가 첨가되어 있어 참다운 스시를 만들기 위한 식재료는 아니다. 설탕과 소금은 밥에 간을 더하는 일을 하고 식초는 향을 더한다.

식초는 해산물들과 어울렸을 때 새콤한 향을 코로 먼저 올려 비린내가 나는 것을 막는 역할을 한다. 일본에서는 쌀식초를 주로 쓴다. 식초의 신맛 외 다른 향들이 적기 때문이다. 신맛은 강하고 단맛은 적은 레몬을 더하기도 한다. 매실식초와 복숭아식초의 경우 독특한 향이 있어 풍미를 더할 것 같지만 의외로 단맛이 강해 어울리지 않는다. 식초 종류는 의외로 다양한데, 그 각각의 신맛이 스시에 어떻게 어울리는가 집중하는 일도 흥미로울 것이다.

일식집에서는 밥보다 부재료에 더 많은 신경을 쓴다. 스시를 입 안에 넣고 맛을 보면 밥은 부재료의 맛을 부풀려 주거나 줄여 주는 보조적 역할을 더 크게 한다고 느끼기 때문이다. 따라서 스시를 즐기는 입장에서도 밥보다는 어떤 부재료를 어떤 식으로 조리했는가에 집중하게 된다. 그러면서 밥의 맛을 수시로 놓친다. 스시의 중심이 밥임에도. 이는 한정식에서 밥을 소홀히 하는 습성과 비슷한 것일 수도 있다.

향신료의 잔치를 벌이다

인도의 음식은 한마디로 향신료의 잔치이다. 온갖 종류의 맛 요소들이 음식 안에서 요동을 친다. 대부분의 음식 감상법은 이러한 여러 맛 요소들을 하나씩 음미하고 그 맛 요소들이 얼마나 서로 잘 어울리는가를 따지는 것이다. 그러나 인도 음식에서는 이 맛 요소들을 하나씩 음미하는 것이 의미가 없다. 머스터드의 톡 쏘는 맛이 지나면 로즈마리의 화사한 향이 코끝을 감싸고 민트의 가벼움이 마무리를 하는 식의 감상법이 통하지 않는 것이다. 갖가지의 맛과 향이 덩어리로 느껴질 뿐이다.

이는 김치 맛을 보면서 젓갈과 마늘, 고춧가루의 맛을 하나하나 따져 음미할 필요가 없는 것과 같다. 재료로 들어간 젓갈, 마늘, 고춧가루 따위의 각각의 맛 요소들이 결합되어 김치라는 제3의 맛을 만들어 내고 있는 까닭이다. 인도 음식이 꼭 이렇다.

우리나라 사람들이 밋밋한 인스턴트 카레가 인도의 카레와 다르다는 사실을 알게 된 것은 그리 오래 전 일이 아니다. 1980년대 들어 경제가 급성장하면서 외식 산업도 그 부피를 키웠고 그 와중에 전통적인 인도 음식도 들어왔다. 그러나 인도 음식점은 크게 번창하지 않고 있다. 인도 음식의 매력인 독특한 향신료가 오히려 한국인에게는 거북한 맛으로 작용하는 까닭이다.

음식을 즐기기 위해서는 그 음식에 대한 거부감부터 없애야 한다. 그 음식의 특징들을 무시하지 말고 그 안에 푹 빠져 즐기는 것이다. 사실, 세상 모든 일이 그렇다. 듣기 싫은 랩도 마음을 열고 한번 푹 빠지면 그 즐거움을 알게 되고, 저 무서운 걸 왜 할까 하고 두려움 가득한 시선으로 보던 행글라이더도 한두 번 타기 시작하면 금세 마니아가 될 수도 있다. 인도 음식도 한 번 맛을 들이면 거의 향신료 중독자가 되고 마는 매력이 있다.

인도계 음식점들을 다니다 보면 아쉬움이 클 때가 많다. 독특한 향에 적응하지 못하는 한국인들을 위해 본래의 맛을 순화시키는 곳이 많기 때문이다. 이런 음식은 손님들이 당장에 입에 맞아 할지는 모르지만 인도 음식의 참맛을 알고 다시 찾아오게 하지는 못할 것이란 생각이 든다.

인도 음식의 매력을 들자면, 그 강한 향신료들이 입 안에서 요동을 쳐도 혀와 코의 감각을 마비시키는 일이 없어 그 맛을 오래, 깊이 즐기게 한다는 것이다. 향신료를 이만큼 잘 다룰 줄 하는 민족이 있을까 싶다.

《미각의 제국》에 외국 음식이 없는 이유

예전에 일본 NHK 방송에서 하는 김치 담그는 법 강좌를 본 적이 있다. 요리사는 재일교포였는데 아마 2세나 3세는 되는 것 같았다. 그 요리사가 김치를 담근다고 내놓은 배추는 얼갈이배추 정도로 작았다. 배춧속이 거의 없었다. 그 배추를 자르는데, 무려 여덟 조각으로 나누었다. 한 쪽이 한 손 안에 쥐어지는 정도라고 보면 된다. 이걸 소금에 절이는 장면을 보여 주고, (시간 관계상) 절여진 배추를 내놓았다. 축축 처진 것이 끓는 물에 데친 것이 아닌가 싶을 정도였다. 양념은 새우젓, 마늘, 생강, 고춧가루 등등을 믹서에 넣고 갈았다. 그러고는 볼에 절임배추를 놓고 양념을 부었다. 그리고 치댔다. 배춧잎 하나하나 들추어서 양념을 치대는 방식이 아니라 그냥 샐러드에 드레싱하듯이 했다. 그렇게 양념한 김치를 비닐 주머니에 한 쪽씩 담았다. 여덟 봉지의 김치가 만들어졌고, 마지막에는 그것들을 유리병에 넣었다.

　우리나라 사람이라면 '초딩'도 웃을 김치 담그기 강좌였다. 그런데 그때, 이런 생각이 들었다. 내가 파스타 요리를 배워 음식점을 낸다고 치자. 이탈리아 사람들, 그냥 보통 이탈리아 사람들이 내 파스타를 어찌 여길까. 저 재일교포의 김치와 내 파스타가 비슷하지 않을까. 내가 외국 여러 나라 음식을 1년에 몇 번 먹어 봤다고 해서 어릴 때부터 늘상 먹는 그들의 일상음식에 대한 느낌을 알 수 있을까. 난 자신 없다. 그래서 이《미각의 제국》에는 외국 음식이 없다.

커피, 돈가스, 스시는 외국 음식 아니냐고 하면, 그 정도는 한국의 일상음식으로 봐야 하고 나도 평상시에 자주 먹어 맛에 대한 분별이 있는 편이다. 인도 음식은 맛에서 강렬한 특징이 있어 미각 교육에 도움이 될 듯하여 총괄적으로 한마디 달았다.

덧붙일 것이, 내가 외국 음식에 대해 안 쓰는 것과 외국 음식을 즐기는 것은 다른 문제라는 점이다. 나도 틈나는 대로 외국의 여러 음식을 즐긴다. 그러나 음식에 대해 전문적으로 글을 쓰는 사람이 그 음식의 '원전'을 알지 못하고, 다시 말해 그 음식 맛의 구체성을 제 몸의 것으로 들이지 못한 채, 글을 날릴 수는 없는 것이다.

햇살로 온다

여름은 햇살로 온다. 뭍과 바다, 강과 산은 거친 햇살에 자신을 맡기거나 거부한다. 강한 것은 더 강해지고 약한 것은 더 약해지는 계절이다. 몸은 이에 따르거나 반항할 수밖에 없다. 식욕은 거칠어지거나 잃는다. 여름 햇살은 둔중하다. 그 무게를 다 받아 내자면 온몸의 감각을 집중해야 하는데 이때 식욕은 왕성해지고 감각은 통제 불능으로 날뛰게 된다. 그러니 가끔은 햇살을 피할 수밖에 없으며 그러려면 감각을 깨끗하게 거두어들여야 한다. 기복이 심한 시간이다.

기름기에 대한
선호가 요리
방법을 결정한다

참장어, 바닷장어라고도 부르며 일본어로는 하모ㅐㅎㅎ이다. 남해에서 주로 잡히는데, 최상품은 일본으로 수출을 하여 국내 식당에서는 질 좋은 갯장어를 보기 어렵다.

일본에서 가져가는 갯장어는 한 마리 무게가 250그램 이상이다. 이 크기는 넘어야 갯장어 고유의 맛이 나기 때문이다. 가장 맛있는 크기는 세 마리에 1킬로그램짜리, 즉 330그램 정도이다. 너무 큰 것은 오히려 맛이 떨어지는데다 잔뼈가 억세 식감이 좋지 않을 수 있다.

재미있는 것은, 일본인과 한국인의 식성이 달라 갯장어가 맛있다고 하는 철이 다르다는 점이다. 일본에서는 7월을 넘기면 갯장어 먹는 것을 끝낸다. 갯장어가 너무 기름져 맛이 없다는 것이다. 일본인들의 이런 기호는 다른 장어 요리에서도 나타나는데, 뱀장어구이를 할 때에도 되도록 기름을 쪽 빼며, 장어 중 기름기가 가장 많은 붕장어는 아예 잘 즐기지를 않는다. 이에 반해 우리나라 사람들은 기름기가 꽉 찬 갯장어를 더 맛있어 한다.

우리나라 사람들은 갯장어를 그다지 즐기지 않았다. 이에 반해 일본인들은 갯장어를 계절 별식으로 여겼다. 그 대표적인 요리가 '유비키'이다. 갯장어를 포 뜬 후 잘게 칼집 내어서 갯장어 뼈를 우리거나 다시마와 가다랑어포로 낸 육수에 슬쩍 익혀 간장 양념에 찍어 먹는 숙회이다. 우리식 갯장어 요리로는 '탕'을 들 수 있다. 갯장어를 토막 내어 뭉근한 불에 오래 끓인 후 고사리, 숙주, 토

란대, 깻잎, 고춧가루 등을 넣고 한소끔 불을 올린 후 마늘, 초핏가루, 풋고추 등으로 양념하는 음식이다.

일본인들이 7월 이후 잡히는 기름진 갯장어를 싫어하는 이유는 과다한 기름 맛이 갯장어가 지니고 있는 흰살생선 고유의 단맛을 죽이기 때문이다. 붕장어를 회로 먹을 때 '짤순이'로 기름을 짜내지 않으면 붕장어 살 맛을 제대로 즐길 수 없는 것을 생각해 보면, 일본인들의 기호를 긍정할 수밖에 없다.

그러나 갯장어의 요리법은 유비키뿐이라는 듯이 유독 유비키만 추종하는 우리나라 사람들 일부의 취향에 대해서는 반성의 여지가 있다. 뼈째 오랜 시간 끓이면 맛깔진 뽀얀 국물을 얻을 수 있는데 이를 체에 밭아 우리식 탕 요리에 응용할 수도 있을 것이며, 기름진 갯장어는 초벌구이를 해서 기름을 제거한 후 한국식 매콤한 양념에 담가서 슬쩍 조려 낼 수도 있을 것이다. 한국 갯장어가 세계 최고의 식재료임을 인정받으면서도 그 맛을 완성시키는 요리가 부족함에 아쉬움이 크다.

칼질과 숙성이 맛을 좌우한다

뱀장어(민물장어)는 민물에서 5~12년간 살다가 태평양 한복판 심해에서 알을 낳고 죽는다. 알에서 깬 새끼들은 그 어미가 살던 민물로 헤엄쳐 와 산다. 우리가 먹는 뱀장어는 민물에 살고 있을 때의 뱀장어이다. 대부분 양식인데, 어린 실뱀장어일 때 바다에서 잡아 민물에서 키운 것이다. 0.2그램 정도의 실뱀장어를 8개월간 키우면 250그램에 이르고 이를 우리가 먹는다.

장어를 손질할 때 칼이 장어의 뼈를 건드리면 핏줄이 터져 살에 핏물이 밴다. 핏물이 밴 장어는 잡 내를 낸다. 또 핏물이 배었다고 물에 씻으면 장어가 불판에 들러붙게 된다. 뱀장어는 잡자마자 불에 구우면 좋지 않다. 조직감이 딱딱해지고 기름 맛은 겉돌게 된다. 서너 시간은 숙성시켜 장어 맛이 차분해지기를 기다려야 한다. 숙성되면 살과 껍질이 분리되지도 않는다.

뱀장어는 기름이 많다. 이를 숯불에 구우면 기름이 숯불 위로 떨어져 연기를 피운다. 기름이 타는 연기가 뱀장어에 배는 것이다. 이 연기가 훈연 향을 더하기도 하지만 대부분 과다한 연기로 인해 장어의 맛을 상하게 한다. 이는 숯의 종류와 관계없다. 기름 타는 냄새를 피하기 위해서는 애벌구이를 잘하여야 한다. 복사열이 강한 스토브로 기름을 충분히 제거하는 애벌구이를 한 후 숯불에 구워 먹는 것이 가장 좋은 방법이다.

장어는 클수록 살이 탄탄하여 씹는 맛이 있지만 너무 큰 것은 질길 수 있다. 작은 것은 살이 여리다. 장어는 기름이 많아 소금만 뿌려 구우면 기름 향이 고기 맛을 지배하고, 장어의 진미를 못 느낄 수 있다. 애벌구이한 장어를 양념 발라 굽는 것이 장어 맛을 더 돋운다.

장어는 한 번에 많은 양을 먹을 것이 아니다. 과다한 기름으로 미각이 쉬 지치기 때문이다. 1인분에 반 마리 정도(100그램 내외)가 적당하다.

회 치는 방법이
다르면
먹는 방법도
달라야 한다

생선을 날로 먹는 것을 생선회라고 한다. 생선회는 먹는 방식에 따라 크게 일본식과 한국식으로 나눌 수 있다.

1960~70년대 내가 자란 바닷가 소도시에는 두 종류의 횟집이 있었다. 일식집과 횟집. 일식집에서는 다다미가 깔려 있는 방에 앉아 두툼하게 썰려 나오는 광어회나 도미회를 와사비 간장에 찍어 먹었다. 지금도 그렇지만, 이런 일식집은 가격이 꽤 높아 사업상 접대 음식점으로 이용되었다. 횟집은 지금으로 치면 막횟집이라 할 수 있다. 광어도 있고 도미도 있었지만 이보다는 망둥어, 도다리, 전어, 붕장어, 놀래미, 쥐치 같은 생선들을 채쳐서 각종 채소와 함께 초고추장이나 막장에 버무려 먹었다. 대부분의 사람들은 이런 식으로 회를 먹었다.

현재 대중 횟집들이 회를 내는 방식은 일본식과 한국식이 섞여 있다. 생선을 두툼하게 포를 떠서 가지런히 놓고 한 옆에 와사비를 턱하니 붙여 내놓고는 초고추장이나 된장, 쌈 채소 등을 함께 낸다. 모양새는 일본식을 따라 고급화하려고 하고 맛은 우리식을 버리지 못해 이런 어정쩡한 스타일을 만든 것이다.

일본식은 회를 두툼하고 큼직하게 썰므로 한 점이 한입에 꽉 찬다. 이런 식은 생선 그 자체의 맛을 즐겨야 한다. 그러니까 되도록이면 옅은 양념장에 찍어 생선의 육즙이 온 입 안을 감싸게 하는 것이 좋다. 이 두툼한 생선을 상추 위에 올려 마늘, 풋고추에 된장을 발라 먹으면 맛이 없다. 생선만을 씹을 때는 턱에 사뿐히

힘을 줘도 되지만 쌈을 싸게 되면 와작와작 큰 힘이 들어가게 되고, 따라서 쌈 속의 생선은 물컹물컹 뭉개지듯 허물어지기 때문에 식감이 좋지 않게 된다. 대중 횟집들이 일본식을 따르면서도 생선을 그보다 얇게 써는 이유가 여기에 있다.

얇게 썬 생선을 여러 토막 올려 쌈 싸 먹으면 씹는 맛이 있다. 씹는 맛으로 치자면 막회가 최고다. 뼈째 총총 썰어서 채소와 함께 비벼 우걱우걱 씹는 맛. 이런 막회는 와사비 간장으로 먹으면 맛이 안 난다. 그러니까 일본식이 낫다 우리식이 낫다가 아니라 회를 치는 방법에 따라 먹는 방법을 달리해야 한다.

70

진상품

공출일 뿐이다

조선시대 지방의 토산물을 중앙으로 거두어 가는 제도는 진상과 공물 두 가지가 있었다. 진상은 지방관리가 관할 구역에서 생산되는 토산물을 임금에게 상납하는 제도이고, 공물은 국가의 재정 수요에 충당하기 위해 지방의 토산물을 세금으로 바치는 것이다. 백성의 입장에서는 자신들의 생산물을 빼앗긴다는 점에서는 같은 성격의 것이다.

지역 특산물을 소개하는 글들을 보면 한결같이 진상품이었음을 강조하고 있다. 그 특산물이 맛이 뛰어나서 임금께 친히 바쳤다는 말이다. 그러나 조선시대 진상과 공물의 내용을 보면 그 지역의 것이 특별히 맛있어 임금이 친히 찾았다거나 하는 일은 없다. 중앙이 필요하니 그 지역에서 많이 생산되는 것을 거두어 갔을 뿐이다.

지금이야 세금 제도가 잘 짜여 있어 국민의 소득에 따라 국가가 필요로 하는 것만 거두어 가지만 조선시대만 하더라도 지방관리가 내놓으라는 것은 다 내주어야 목숨을 유지할 수 있었다. 그 수탈이 오죽 심했으면 백성들이 제주에서는 감귤나무를, 하동에서는 차나무를, 이천에서는 자채벼를 없애려고 했겠는가. 그러니 "우리 지역에서 궁궐에 진상을 많이 하였다"고 자랑하는 것은 "우리 지역에 가렴주구가 횡행하여 백성이 굶주리고 도탄에 빠졌다"고 하는 것과 다르지 않다.

지역의 특산물은 그 지역의 자연이 인간에게 주는 선물이며, 생산자들의 땀이 서린 노동의 산물이다. 이 신성한 물품에 조선왕가와 지배계급의 탐욕을 그럴 듯하게 포장하여 덧씌우는 일은 하지 말았으면 한다.

71

새우젓

싼 추젓이
감칠맛은 더 있다

젓새우에 소금을 넣고 삭힌 젓갈이다. 새우젓 그 자체를 먹기
보다 음식의 맛을 더하는 데 주로 쓰인다. 한국 음식에서 가장 중
요한 양념 중 하나이다.

젓새우는 황해안에서 고루 잡힌다. 젓새우는 잡는 즉시 배 위
에서 소금을 뿌려 통에 담는데, 이 염장된 젓새우를 어느 지역으
로 가져가느냐에 따라 그 앞에 지명이 붙는다. 그러니 지역 이름
이 붙은 유명 새우젓은 허명일 수 있다.

젓새우는 잡히는 시기에 따라 맛이 다르다. 음력 6월에 잡힌 것은 육젓이라 하는데 알이 차고 살이 튼실하여 삭힌 후에도 탱글한 몸통을 그대로 유지하고 있다. 식감도 좋으며 단맛이 물씬 풍긴다. 5월의 것은 오젓이다. 약간 붉은 기가 있으며 육젓보다 약간 잘고 살도 덜 여물다. 애호박찌개나 계란찜을 할 때는 이 오젓이 작은 크기로 인해 더 매력적이다. 가을에 잡힌 것은 추젓이다. 추젓은 오젓보다도 더 작고 살도 더 무르다. 그러나 추젓이 감칠맛은 더 날 수도 있다. 새우젓은 소금의 함량이 30% 내외인데 이 추젓은 육젓이나 오젓보다 소금 함량이 10%포인트 정도 적다. 선선한 가을에 잡히니 소금을 적게 넣어도 부패하지 않기 때문에 덜 짜게 담그는 것이다.

육젓과 오젓은 비싸고 추젓은 싸다. 요령을 부리자면, 추젓에 오젓이나 육젓을 섞는 방법이 있다. 추젓은 갈고 오젓이나 육젓은 모양새 그대로 섞어서 쓰는 것이다. 김치 담글 때 이러면 덜 짜고 감칠맛은 더 나게 된다.

새우젓 담그는 과정은 불결하다. 양철로 만든 드럼에 비닐을 깔고 여기에 젓새우와 소금을 버무려 넣는다. 드럼은 무엇이 담겼던 것인지 알 수 없으며 비닐은 오랜 숙성 기간에도 안전한 것인지 확인할 길이 없다. 여기에 화학조미료를 넣는 게 예사다. 한국 음식에서 가장 중요한 양념이 이 지경이라는 사실은 비루한 한국 음식문화 수준을 드러내는 것이라 하겠다.

72

어리굴젓과 진석화젓

같은 재료이나
맛은
전혀 다르다

어리굴젓은 짜지 않게 담근 굴젓이다. 여기에 고춧가루를 더하여 먹는다. '어리'라는 말은 '덜된' '모자란'의 뜻을 지닌 '얼'에서 온 말이다. 짜지 않게 간을 하는 것을 얼간이라고 하며, 얼간으로 담근 젓을 어리젓이라 한다.

젓갈을 담글 때의 소금은 대체로 젓갈 재료의 20~30% 정도

되는 양을 넣는다. 그러나 어리굴젓은 보통의 젓갈보다 훨씬 적은 7%의 소금을 넣는다. 따라서 굴이 여물지 않으면 녹아 버려 젓갈이 질척하게 된다. 단단하고 작은 굴이 아니면 제대로 된 어리굴젓을 담글 수가 없는 것이다. 짜지 않지만 굴 모양을 고스란히 간직한 채 오돌오돌 씹히는 감촉을 느낄 수 있는 것이 바로 어리굴젓이다.

간을 약하게 하므로 어리굴젓에는 바다의 향이 살아 있다. 반면에 상온에서 두면 쉬 맛이 변하고 상하는 단점이 있다.

어리굴젓의 맛과 대척점에 있는 굴젓이 진석화젓이다. 진석화젓은 소금을 굴 양의 30% 정도 넣어 만든다. 20일쯤 숙성을 하면 굴에서 국물이 나오는데, 이를 받아 물을 부어 가며 달인 후 식혀 굴젓에 다시 붓고 또 삭힌다. 1년, 길게는 3년씩을 두어도 맛이 깊어질 뿐 변하지 않는다. 강한 발효의 향이 나는 굴젓이다.

간혹 진석화젓을 어리굴젓이라 하기도 하는데 이 둘은 굴을 소재로 했다는 것을 빼면 소금의 양이나 발효 방법, 맛 등이 전혀 다른 음식이다.

고운 때깔을
좇다가
맛을 버리다

명태의 알을 소금에 절여 숙성시킨 음식이다. 명란의 감칠맛을 소금의 기운으로 끌어올려 입 안에서 은근하게 특유의 향을 퍼뜨린다.

요즘은 전통적인 방식의 명란젓은 없다. 소금에 절이는 것이 아니라 청주와 다시마 달인 물 등을 섞은 침지액에 명란을 담갔다가 꺼낸다. 이런 명란젓은 입 안에 넣자마자, 명란을 씹지 않아도, 감칠맛이 먼저 치고 올라온다. 겉에 바른 '양념'들의 맛이 너무 강한 탓이다. 명란의 본디 맛은 그 다음에 슬슬 기면서 올라오는데 그때에서야 비로소 입 안에 든 것이 명란젓임을 확인할 수 있다.

명란젓이 이렇게 바뀐 것은 일본의 영향이다. 애초에 명란젓은 한국의 음식이었으나 일본인들이 이를 좋아하여 자기식의 가공법을 만들어 내고 이를 다시 한국에서 받아들인 것이다. 일본의 명란젓 가공 공장에서 일했다는 것을 커다란 경력으로 내세우는 업체들이 있는데, 음식 사대주의로 읽혀 보기 좋지 않다.

현재 시판 명란젓의 가장 큰 문제는 때깔을 곱게 하기 위해 아질산나트륨을 넣는다는 것이다. 햄, 소시지 등에 넣는 발색제의 일종이다. 이를 넣으면 숙성 기간이 짧아지고 보존 기간이 늘어나 명란젓 가공업체 입장에서는 큰 이득이 된다. 그러나 명란젓의 본디 맛을 잃으면서까지 이럴 것인가는 고민하여야 한다. 때깔 고운 것만 찾는 소비자들에게도 문제가 있다.

장에 넣은 게가 아니라 계를 넣은 장이다

꽃게를 간장에 삭힌 음식이다. 보통은 진간장에 물을 타고 설탕, 마늘, 생강, 양파, 고추, 계피 등을 넣어 달인 것을 쓴다. 그래서 간장게장의 맛은 짜고 달다. 꽃게의 감칠맛과 특유의 향 그리고 진한 간장의 향내와 짠맛이 입 안에 가득하여 단맛이 덜 느껴지기는 하지만, 국물 맛을 보면 분명 단맛이 도드라지는 음식이다.

간장게장은 원래 보름 이상 삭혀서 먹는 음식이다. 게딱지를 따면 살은 탄탄함을 잃고 검은 빛을 띤다. 좀 더 삭히면 살이 주르르 흐른다. 꽃게의 생살 맛은 사라지고 간장과 꽃게가 서로 어우러져 발효한 제3의 맛을 내게 된다. 꽃게의 살이 녹아든 간장은 귀한 양념으로 쓰였다. 애초 이름이 '장게'가 아니고 게장인 까닭도 '장醬에 넣은 게'가 아니라 '게가 들어간 장'이기 때문이다.

요즘의 간장게장은 이렇게 먹지 않는다. 간장에 이틀이나 사흘 삭혀 낸다. 하루 만에 내는 간장게장도 있다. 꽃게의 살은 생생하게 살아 있고 발효 향은 없다. 꽃게의 생살은 달콤하고 감칠맛이 풍부하다. 여기에 간장과 설탕의 맛이 더해지니 입에 착 달라붙는 맛을 낸다. 간장게장의 맛이 이렇게 바뀐 것은 싱싱한 꽃게를 유통할 수 있게 된 이후의 일이다. 싱싱하지 않은 꽃게는 단기간의 숙성으로는 비리기 때문이다.

간장게장은 발효의 맛을 버리고 싱싱한 꽃게의 생살 맛이 중심인 음식으로 변했다. 양념게장도 원래는 삭히는 음식이었으나 양념은 그대로이면서 생으로 먹는 음식으로 변했다. 꽃게무침이다. 간장게장과 양념게장의 차이점은 간장게장은 그 맛의 포인트가 변한 음식임에도 그 이름을 유지하고 있으나 양념게장은 꽃게무침을 방계의 음식으로 떨어뜨렸다는 점이다. 요즘 간장게장은 발효 음식이라 하긴 미흡하므로 꽃게간장절임이라 부르는 것이 맞겠다.

간조기와는
다르다

조기를 염장하여 말린 것을 말한다. 고려시대 영광에 유배를
당한 이자겸이 왕에게 염장 조기를 진상하면서 "선물은 보내도 굴
한 것은 아니다"라며 '굴비屈非'라 적어 보낸 것이 이름의 유래라고
하나, 실제로는 조기를 짚으로 엮어 매달면 구부러지게 되는데 그
모양새를 따서 '구비조기'라고 하던 것이 굴비로 바뀐 것이다. '구
비仇非'는 산굽이, 강굽이처럼 구부러져 있는 모양새를 일컫는 우
리말 '굽이'를 한자어로 표기한 것이다.

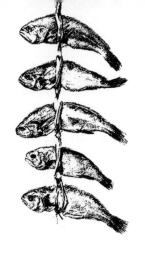

　조기는 제주도 서남방과 상해 동쪽의 따뜻한 바다에서 월동을 하고, 3월 하순에서 4월 중순에 영광의 칠산 바다를 거쳐 4월 하순에서 5월 중순 사이에 연평도에 닿고 6월 상순에는 압록강 대화도 근처에까지 이르는 것으로 알려져 있다. 그러나 1980년대부터 조기의 회유는 추자도 근방에서 머물고 그 위로 올라오는 양은 극히 적다. 잡히는 바다는 다소 남쪽으로 이동을 하였지만 조기가 알을 배는 시기는 4~5월로 같으므로 이때 잡히는 조기로 굴비를 만든 것이 가장 맛있다.

　굴비는 원래 북어처럼 바싹 말린 것을 말하였다. 조기를 봄에 잡으므로 소금을 듬뿍 넣어 바싹 말리지 않으면 쉬 상하기 때문이다. 요즘 굴비라고 부르는 것은 소금 간을 하고 반건조한 것으로 예전에는 이를 간조기라 하였다. 냉장시설이 발달하면서 간조기가 크게 유통되니 엉뚱하게 이것이 굴비라는 이름을 얻었다.

옛날 굴비는 조기를 소금에 사나흘 절여 이슬을 피해 가며 보름 넘게 말렸다. 이렇게 바싹 말리면 살이 딱딱하게 굳는다. 꼬리 부분을 잡고 찢으면 북어포처럼 일어나야 제대로 말린 것이다. 이를 통보리 속에 넣어 보관하였다. 뒤주 안이 서늘한데다 보리의 겉겨가 굴비의 기름을 잡아 오래 보관할 수 있기 때문이다.

굴비는 여름에 먹어야 맛있다. 초여름 낮밥으로 대청에 상을 펴고 쪽쪽 찢은 굴비에 참기름 두른 고추장을 곁들여 내는 것이다. 이때는 찬물에 만 밥만 있으면 된다. 늦여름 저녁에는 안날 쌀 뜨물에 담가 둔 굴비를 시루에 슬쩍 찌거나 국물 자작자작하게 해서 지져 낸다. 요즘 굴비라 부르는 간조기와는 맛에서 크게 다르다.

숙성되지 않으면 제 맛이 나지 않는다

꽁치 말린 것을 과메기라 한다. 그러나 전통적인 제조 공정을 보면 꽁치를 단순히 말리는 것이 아니다. 밤낮의 일교차에 의해 얼었다 녹았다 하면서 보름 이상 숙성이 된다. 보통의 경우 지방이나 단백질은 공기 중에 장기간 노출되면 산패하게 되는데, 꽁치의 경우 껍질이 막처럼 살을 싸고 있어 산패 없이 숙성되는 것이다. 잘 숙성된 과메기는 꽁치의 기름내가 맑고 살코기는 씹을수록 고소하다. 약간 물컹한 듯하지만 부드럽게 입 안에서 풀리는 맛이 있다.

그러니까, 과메기는 어떻게 제조되는가에 따라 맛 차이가 크다. 최하질은 공장에서 건조기로 말리는 것이다. 이건 정확하게 말해서 '반건꽁치'일 뿐이다. 맛은 밋밋하다. 다음 하질은 짜배기이다. 꽁치를 반으로 갈라 말린 것을 이렇게 부른다. 빠르면 사흘, 길어야 일주일이면 시장에 낼 수 있고, 상에 올릴 때 머리 떼고 내장 빼고 껍질 벗기는 번거로움이 없으니 요즘 과메기의 대부분은 짜배기이다. 짜배기는 살이 노출되어 있으니 온전한 숙성이 되지 않는다. 또 살이 공기와 접촉하게 되니 산패가 일어나 찌든 기름내가 나고, 살이 얇은 부위는 딱딱하게 굳어 식감도 좋지 않다.

최상의 과메기를 얻자면 통째로 말려야 한다. 이를 통말이라 한다. 통말이도 거는 장소에 따라 맛 차이가 나는데, 되도록 바다 가까이에 두어 해풍을 맞게 해야 한다. 또 차양막을 씌워 강한 햇볕에 변질되는 것을 막아야 한다. 이렇게 숙성시킨 과메기는 껍질을 벗겼을 때 맑고 고소한 기름에 꽁치 살을 절여 놓은 듯이 보인다. 요즘 포항에서도 이런 과메기를 구할 수 없다고 한다. 뭐든 돈벌이만 되면 가짜가 판을 치는 세상사가, 참 한심할 뿐이다.

설탕과 화학조미료 맛으로 먹는다

쥐치포가 바른말이다. 포를 뜬 쥐치의 살을 설탕과 소금, 화학 조미료 등으로 버무린 후 여러 조각을 붙여서 건조하여 만든다. 예전에는 햇볕 건조를 하였으나 요즘은 건조기에서 말린다.

국내에서 쥐포를 먹기 시작한 것은 1960년대 말부터일 것으로 추측된다. 생선을 조미하여 말리는 방법은 일제에 의해 전해진 것인데, 1960년대 남해안에 쥐포를 가공하여 일본에 수출하던 업체들이 있었고 그 쥐포들이 국내에 흘러나와 시장을 형성한 것으로 보인다. 일본에서도 현재 조미한 쥐포를 생산하고 있다.

쥐포는 생선의 포이지만 생선 맛으로 먹는 것이 아니다. 설탕 맛으로 먹는다고 하는 것이 맞다. 쥐포에는 보통 7% 정도의 설탕이 들어간다. 구워 식혔을 때 까들까들하여 잘 찢어지지 않는 것은 설탕 함량이 이보다 더 많다고 봐야 한다. 그 정도 설탕이면 고구마맛탕 수준의 단맛을 낸다. 사정이 이러한데도 사람들은 쥐포의 과다한 설탕에 대해 거의 관심을 두지 않고 있다. 쥐포를 구울 때 나는 생선포의 냄새가 '이것은 생선포다' 하고 정체성을 강하게 드러내 미각이 속고 있는 것이다. '알포'라는 제품은 설탕을 조금 덜 넣고 만든 것이다. 설탕 외 쥐포 맛을 내는 또 다른 '양념'은 화학조미료이다. 알포에도 들어간다.

시장에는 대구, 명태, 붉은메기(나막스), 학꽁치 등의 다양한 생선포가 존재하지만 한국인들은 유독 쥐포에만 열광한다. 그 열광의 이유가 혹 쥐치의 살 맛에 있는 것이 아니라 설탕과 화학조미료 맛에 있는 것이 아닌가 싶기도 하다. 조미 없이 쥐치의 살을 말리면 약간의 구수한 맛만 있지 입에 착착 붙지는 않는다.

흔한 생선이나
고소한 살 맛은
귀하다

청어목 멸칫과의 생선으로, 어류 분류로는 '반지'가 바른말이다. 밴댕이는 사투리이다.

김훈의 소설 〈남한산성〉에 밴댕이젓이 나온다. 남한산성에 갇힌 조선의 권력자들이 민가에서 한 동이의 밴댕이젓을 발견하고는 관리가 이를 어떻게 나눌까 임금에게 묻는다. 밴댕이가 작아한 마리를 여럿으로 자르지 못한다는 곤궁함을 드러내는 소재로 쓰였다. 갇힌 남한산성에서의 밴댕이젓이라, 김훈다운 문학적 상상이다.

밴댕이는 오뉴월이 제철이다. 그 부드럽고 고소한 살 맛은 이때가 제일이다. 알을 품기 위해 온몸에 영양분을 가득 채우는 시기이기 때문이다.

우리한테는 흔하면 싸고, 싸면 맛없는 것으로 여기는 못된 습성이 있다. 밴댕이에 대한 인상이 꼭 그 짝이다. 강화 가면 밴댕이는 지천이고 싸다. 그래서 맛이 별로인 것으로 여긴다. 그러나 고소한 기름내와 부드러운 식감으로 즐기는 생선으로는 일식집의 비싼 고등어회보다 낫다.

밴댕이는 성질이 급해 뱃전에 오르자마자 죽는다. 그래서 활어회란 것이 없다. 죽은 채 유통이 되고 아무리 빨라도 죽은 지 서너 시간 이상 지난 것을 먹게 된다. 그런데 이게 맛을 버리는 것은 아니다. 생선은 죽은 지 웬만큼 시간이 지났을 때 제대로 숙성된 맛을 낸다. 밴댕이는 하루 정도 숙성이 되면 살에 약간 붉은 기가

도는데, 한여름에는 약간 불안하기는 하지만 맛은 싱싱한 것보다 낫다.

밴댕이는 생선만 간장이나 초장에 찍어 먹으면 강한 기름내로 인해 맛이 덜하다. 상추에 싸고 장은 된장이 더 어울린다. 두어 점 상추에 올려 된장 바르고 풋고추, 마늘 올려 한입 가득 우걱우걱 씹어 돌려야 제 맛이 난다. 각종 채소 넣고 초고추장에 비비는 막회도 밴댕이의 고소한 기름내를 즐기는 방법 중의 하나이다. 만약 밴댕이의 기름내를 최고로 즐기겠다면 구워야 한다. 그 고소한 향은 전어 저리 가라다.

크다고
다 맛있는 것은
아니다

대게는 우리나라 동해안 전역에서 자란다. 금어기가 끝나는 초겨울부터 대게를 잡지만 늦겨울과 이른 봄에 살이 더 단단하고 달다. 대게 앞에는 보통 '영덕'이 붙는다. 예전 교통이 발달하지 않았을 때 동해안의 대게가 영덕에 집산을 하여 내륙으로 이송되어 그리 이름 붙은 것이다. 영덕 아래의 포항, 그 위인 울진, 삼척, 동해, 강릉, 양양, 속초, 고성 등지에서도 대게는 잡힌다. 맛은 매한가지이다.

대게는 잘못 사면 물이 차서 살이 무르고 먹잘 것이 없다. 좋은 대게는 살에 결이 있다. 닭살 찢어지듯 결대로 쭉쭉 찢어지는 것이 좋은 대게이다.

대게잡이 어부는 경매장에서 대게를 두 종류로 고른다. 경매 붙일 것과 그냥 내다버리듯 상인에게 넘기는 것. 같은 크기라고 했을 때 그 가격 차이는 다섯 배 정도 난다. 그 가격의 차이는 대게 안에 물이 찼는가 아닌가에 따른 것이다. 물이 차 있는 대게를 흔히 물게라 한다. 물게는 살이 물 안에 담겨 있는 꼴이라 살의 탄력이 없고 싱겁다.

대게의 맛은 크기에 달려 있지 않다. 그래서 물게는 아무리 커도 경매에 오르지 않는다. 경매에 참여한 상인들이 선택하지 않으니 경매에 올리지도 않는 것이다. 단단한 대게는 작아도 맛있다.

단단하고 맛있는 대게는 배딱지의 색깔이 짙다. 배딱지의 무늬를 자세히 보면 투명도를 느낄 수 있는데, 투명할수록 물이 많이 차 있는 것이다. 그러나 이를 눈으로 확인하는 것은 베테랑이 아니면 힘들다. 간단한 방법은 배딱지 부분을 눌러 보는 것이다. U자 모양의 그 자리를 누르는데, 쓰다듬듯이 말고, 힘을 주고 꾹 눌러야 한다. 물게는 물렁하고 물이 쭉 나온다.

　대게는 쪄서 따뜻할 때 먹는 것보다 차게 식혀 먹는 것이 낫다. 뜨거울 때에는 대게의 향이 짙어 후각이 쉬 지쳐 대게의 살 맛을 잘 느끼지 못할 수 있기 때문이다.

너무 강하면
짧게 즐겨라

꽃게 맛의 진수는 게살의 단백질이 익으면서 내는 달콤함과 내장의 쌉사레한 맛 그리고 강렬한 바닷내의 조화이다. 또, 싱싱하고 알과 살이 꽉 찬 꽃게에서는 살과 알 그리고 장에서 크리미한 향이 난다. 이 크리미한 향은 크랩류 중에 털게가 가장 부드럽고 강한데, 제철의 꽃게는 털게만 하다.

봄에는 암꽃게가, 가을에는 수꽃게가 맛있다. 꽃게는 겨우내 황해의 깊은 바다에 몸을 숨기고 있다가 따스한 봄 햇살을 받으며 얕은 바다로 나오는데, 깊은 바다에서 얕은 바다로 이동하는 동안에 알을 배고 살을 찌우게 된다. 가을이 되면 암꽃게는 산란을 하여 살이 물러지고 수꽃게는 살이 더 탄탄해진다.

꽃게 맛은 신선도에 크게 좌우된다. 싱싱할수록 단맛이 강하고 비린내가 적다. 닭살처럼 결이 살아 있으며 탱탱한 듯하지만 입 안에서 부드럽게 풀린다. 싱싱한 꽃게는 비린내를 잡을 수 있을 정도의 된장과 마늘, 파만 넣고 슬쩍 끓여 내는 탕으로 해 먹는 것이 가장 맛있다. 이보다 더 강하게 꽃게 향을 즐기려면 꽃게를 증기로 찌는 통찜이 있다. 이 통찜은 먹는 중간에 식으면서 비린내를 심하게 낼 수 있다. 처음부터 차게 해서 먹으면 되레 비린내가 덜 나고 갯내도 줄어 후각이 자유로운 상태에서 꽃게 특유의 크리미한 향을 즐길 수 있다.

한국 사람들은 한자리에서 한 종류의 음식을 배 터지게 먹는 습성이 있다. 향이 약한 음식은 이렇게 먹어도 별 무리가 없다. 꽃게처럼 강한 향의 음식은 한 자리에서 많이 먹으면 후각이 지쳐 뒤에는 무슨 맛으로 먹는지도 모르게 된다. 최소량에서 오히려 미각의 오르가슴을 느낄 수 있다.

맛있는 석화
만나기가
카사노바
되기보다 어렵다

굴을 석화石花라 한다. 돌에 붙어 하얀 꽃처럼 보인다 하여 지은 이름인 듯하다. 그런데 언제부터인지 큰 굴은 석화라고 하고 작은 굴은 그냥 굴이라고 부른다. 크니까 귀하게 여겨지고, 그래서 그 몸값에 맞추어 한자어의 '권위'를 입히려는 의도로 읽힌다.

석화는 겨울이 제철이다. 혀끝이 아릿할 정도로 강렬한 바다 향이 물컹한 그 몸에서 뿜어져 나온다. 석화 하나에 소주 한 잔! 겨울 포장마차에서 먹을 안주로 이만한 게 있을까 싶다.

유럽에서는 이 석화를 '카사노바의 음식'으로 여긴다. 굴 안의 아연이니 뭐니 하는 성분이 성적 에너지를 강화한다는 것인데, 그래서 이들의 영화에서 남녀가 석화를 먹는 장면이 나오면 자연스럽게 침대 신으로 넘어간다. 사람이란 참 묘해서, 석화가 카사노바의 음식이라는 사실을 알지 못했을 때에는 그냥 맛으로만 먹었는데 알고 난 뒤부터는 석화를 대하는 태도가 달라졌다. 이를 먹으면 꼭 카사노바의 일생에 대해 한마디씩 하게 되고, 웬일인지 몸에 힘이 돋는 것 같고, 그렇다.

난 이 석화를 퍽 즐긴다. 카사노바가 되려고 그러는 것은 아니다. 한자리에서 많은 양의 음식을 먹지 못하는 식성 때문이다. 석화 하나에 소주 한 잔씩 먹으면 배부르지 않고 기분 좋게 취할 수 있어 좋다. 그런데, 이 석화가 수시로 나를 배반한다. 그 특유의 향은 없고 바다 짠 내만 나는 석화가 대부분이다. 맛있는 석화 만나기가 카사노바 되기보다 더 어렵다.

간월도 어리굴젓 취재 갔을 때 일이다. 굴 캐는 아주머니들이 어리굴젓 담그는 조그만 굴을 굳이 석화라 불렀다. 어른 새끼손톱만 한 크기의 굴이다. 그들의 설명은 이렇다.

"돌에 붙어 자라야 석화지요. 바다 위 양식장에서 자라는 것은 그냥 '양식 굴'이구요. 크다고 석화라 불리면 진짜 석화들이 섭섭하지요. 맛 차이가 얼마나 나는데."

돌에 붙어 자라는 진짜 석화는 조수 간만의 차로 하루에 두 번 바닷물 밖에 노출된다. 그러니까 햇볕에 말려지고 바닷바람에 씻기면서 그 맛이 깊어진다. 양식 굴은 자라는 동안 물 바깥을 구경할 일이 없다. 그래서 맛이 '맹탕'이다. 비꼬자면, 허우대만 멀쩡한 카사노바라고나 할까? 세상만사, 크다고 다 좋은 것은 아니다.

양식 김에서 자연산 김 맛이 날 수도 있다

김은 우리나라의 황해와 남해에서 양식을 한다. 자연 상태에서 자라기는 하지만 자연산 김은 없다. 씨앗(포자)을 김발에 붙여 바닷물 속에서 키운다. 이를 김 양식이라 한다.

김 양식에는 두 종류가 있다. 바다가 얕고 밀물과 썰물의 차가 큰 바다에서는 지주식을, 바다가 깊고 조수 간만의 차가 적은 바다에서는 부유식을 한다. 지주식이란 바다의 바닥에 기둥(지주)을 박고 그 기둥이 김발을 붙들게 한 상태에서 김을 키우는 방법이며, 부유식이란 지주 없이 김발을 바다 위에 띄워 양식을 하는 시설을 뜻한다. 전남과 충남 일부 지방에서 지주식을 하고 대부분 지역에서는 부유식을 한다.

일반적으로 부유식 김은 지주식 김에 비해 맛이 떨어지는 것으로 알려져 있다. 지주식은 간조 때 김발이 물 밖으로 노출되어 햇볕과 바람을 맞으므로 자연 상태에 가까운 조건이 형성되기 때문이다. 부유식 중 김발을 뒤집어 햇볕과 바람에 노출시키는 양식법이 있는데 이렇게 하면 지주식과 크게 다를 바가 없다.

김은 돌김과 참김으로 나뉜다. 돌김은 초겨울에 붙고 한겨울 지나 봄까지는 참김이 붙는다. 돌김은 향이 좋고 참김은 부드러움이 있다. 김은 한 해에 대여섯 번 수확을 하는데 세 번째 즈음의 것은 돌김과 참김이 같이 붙는다. 이때의 김이 가장 맛있다.

1990년대 들어 맛김이 시장에 크게 번졌다. 가공 공장에서 김을 구워 기름과 소금을 발라 낸다. 이 맛김에는 김의 향이 없다. 오직 기름과 소금 맛으로 먹는 것이다. 김은 수확할 때 보면 질이 천차만별인데, 이런 맛김은 최하질의 김을 써도 기름과 소금으로 맛을 감출 수 있다. 그냥 김은 부가세가 붙지 않는데 맛김은 부가세가 붙는다. 가공 공정이 복잡하고 세금까지 무는 맛김을 업체들이 악착같이 만들어 파는 것이 단지 소비자의 편의를 위한 것인지 생각해 보아야 한다.

83

젖

사랑이다

사람이 태어나 처음 먹는 음식이다. 밍밍하고 느끼하고 비릿해 속이 울컥 치밀어 오르게 하는 맛이다.

아이가 젖 맛을 들이면 떼기 어렵다. 젖꼭지에 소태를 묻히고 옥도정기를 바르고 반창고를 붙여도 안 떨어진다. 젖이 아니면 죽음을 달라는 식이다. 왜 아이들은 이 맛없는 젖에 그토록 매달리는 것일까. 적어도 젖 맛이 좋아서 그러는 것은 아닐 터이다.

어미가 자식에게 젖을 먹이는 동안에는 인간끼리 할 수 있는 최고의 완벽한 접촉이 이루어진다. 두 팔로 아이를 꼬옥 안고 사랑 가득한 눈빛으로 바라보며 젖을 먹인다. 이런 접촉이 얼마나 평온한 것인지 아이는 안다. 젖떼기의 어려움은 이런 완벽한 접촉이 사라짐에 대한 불안 때문이다. 그러니까 사람이 태어나 처음 맛보는 것은 젖이 아니라 바로 이 완벽한 접촉, 곧 엄마의 사랑인 것이다.

젖을 떼고 난 다음에도 얼마간 아이는 이 사랑을 먹는다. 어미는 밥알을 꼭꼭 씹어 입 안에 넣어 주고, 생선 살을 발라 주고, 이것 먹어라 저것 먹어라 밥 위에 반찬을 올려 준다. 그러다가 어느 순간에 이 사랑은 차츰 희미해지고 그냥 영양 덩어리나 맛으로 음식을 먹게 된다. 뭔가를 먹어야만 살 수 있는 인간에게 사랑 없는 음식을 먹는다는 것은 그 자체로 불행이다. 끼니로서의 음식, 살기 위해서 어쩔 수 없이 먹는 음식, 서글프고 처연한.

결국 사람이 먹어야 하는 것은, 먹고자 하는 것은, 젖과 같은 사랑이다.

84

미식

악식과 동의어이다

어둠이 있어야 빛의 황홀도 있
는 것이다.
미식이란, 음식에서 어둠의 맛
까지 느끼는 일이다.

85
나가며

미각은 모든 감각과 통한다.
섬세하게 다듬으면 세상이 보이고 들린다.